政治をみる眼

次の時代を動かす君たちへ

新藤宗幸

出版館ブック・クラブ

政治をみる眼目　次

Ⅱ章　経済はだれのためにあるのだろうか　75

政治をみる眼

——次の時代を動かす君たちへ——

序　「3・11」が物語るもの

1　東日本大震災の衝撃

大津波と原発崩壊の複合災害

二〇一一年三月一一日、一四時四六分、東北から関東地方をマグニチュード九・〇の巨大地震が襲いました。わたしは千葉県の市川市役所の前にいましたが、立っていられないほどの揺れであり、いささか老朽化した市役所庁舎は大きく波打ち、倒れてくるのではないかと思えるほどでした。第二次関東大震災かとはじめは考えたのですが、震源地はほどなく三陸沖だと判明しました。

この大地震の最初の地震動から約四〇分程度して、入り組んだ入江のつづく三陸沿岸から宮城・福島の沿岸部は、想像を絶する大津波にあらわれ、ことごとく崩壊してしまいました。民家はいうにおよばず、学校、病院、商店や商業ビル、魚市場や水産加工場など、建物という建物が押し流されていきました。ＪＲ総武線本八幡駅の大型テレビスクリーンには、無惨に押し流されていく建物などが映し出されました。多くの人びとがテレビを幾重にも囲みましたが、ただただ呆然とするだけで言葉すら発せられませんでした。多数の犠牲者が出ているであろうし、助ける術のないことに、だれもが悲痛な思いに打ちのめされました。

実際、二万人に近い尊い命が失われ、九死に一生をえた人びとも生活の場と職を失ってしまいました。

東京電力福島第一原子力発電所３号機の水素爆発　2011年３月14日　12日に１号機、続く15日には４号機でも爆発が起きた（写真・福島中央テレビ）

しかし、巨大地震と大津波は、こうした事態にとどまりませんでした。東京電力福島第一原子力発電所の四基の原子炉を破壊し、立地自治体どころか周辺自治体、さらにそれをこえる広範囲の地域に、放射性物質をまきちらす重大事故を引き起こしました。三月一二日から原子炉建屋（たてや）が水素ガス爆発によって吹き飛ぶテレビ映像に戦慄を覚えました。政府も、東京電力も、ニュース・コメンテーターとして出演した原子力工学者も、事故当初は否定していましたが、運転中だった一号機から三号機の原子炉は、すべて核燃料棒の溶融（メルトダウン）を引き起こしました。放射性物質である溶解した燃料は原子炉本体を内蔵する圧力容器を突き破り、さらに格納容器の底にたまっているとされます。

政府がメルトダウンの事実を認めたのは、じつに五月になってのことです。しかし、その後、原発事故についての調査が、民間の日本イニシアティブ、国会、政府の事故調査委員会によってなされ、当時の政権中枢と東電とのやり取りや、東電本店と福島第一原発指揮所との通信などが、不完全であるにせよ表に出てきました。すでに三月一一日の時点で、当時の菅直人・首相をはじめとする政権中枢や東京電力は、メルトダウンの危機が迫っていることに右往左往していたことが明らかになりました。たまたま点検で運転を停止していた四号機は核燃料を原子炉から引き抜き、使用済み核燃料とともに建屋上階のプールに収められていましたが、建屋は水素ガス爆発を引き起こし、放射性物質を大量に放出しました。

当然のことですが、溶融した核燃料や原子炉から引き抜いた核燃料棒は、核融合の連鎖反応を防ぐために冷却しなくてはなりません。事故当初、ヘリコプターからの水の散布を記憶しているでしょう。これにどれほどの効果があったのかはともかく、今日なお冷却水が崩壊した原子炉に注入されつづけています。ところが、放射能に高度に汚染された冷却水を外部（隣接する太平洋）に放出してしまうことはできません。さらに、冷却水とは別に大量の地下水が湧出しており、これまた放射能に高度に汚染されています。東電は貯蔵タンクを発電所内にもうけそこに貯蔵しています。これ自体、限界が明らかなのですが、貯蔵タンクからの漏水と放射性物質を含んだ地下水が海洋に漏れ出しています。

政府は福島第一原発の事故直後に、この事故が国際原子力事象でレベル3とし、その後、レベル6に改め、さらにチェルノブイリ原発事故と同じレベル7であると、二〇一一年六月になって認めました。もっとも国際原子力事象のメジャーには、レベル7超はありませんから、将来、これ以上の重大事故と認定されることもありえるでしょう。事故の重大さの認定に加えて、政府は二〇一三年八月に汚染水の漏えいについて、レベル3の重大事故であると渋々認定したのです。

しかし、この直後の二〇一三年九月七日、ブエノスアイレスで開催されたＩＯＣ（国際オリンピック委員会）総会において安倍晋三首相は、原子炉と汚染水は完全に「アンダーコントロール」と演説し、事故の影響のない「安全なオリンピック」を強調しました。国の最高政治指導者が世界に向けて「虚言」を吐くなどということは、あってはならないことです。二〇二〇年の東京オリンピック開催決定という「お祭り騒ぎ」のなかで、首相の「虚言」はマスコミの批判の的とはならなかったのですが、日本の政治・社会の「本質」が、はからずも顔を見せたといってよいでしょう。

震災・原発事故の風化か

すでに、東日本大震災から五年近くの歳月が過ぎ去りました。三陸沿岸の復旧・復興は、住民や被災自治体の懸命な努力にもかかわらず、遅々として進んでいない状況です。いまだ八万人以上の人が岩手県・宮城県内の仮設住宅（みなし仮設＝民間アパートなどの借上げを含む）に暮らしています（二〇一五年九月一〇日現在）。大津波で破壊された三陸沿岸は、もともと過疎化が問題視されていた地域ですが、震災はますます人口の流出を加速しています。それはこの地域の生活基盤の再興に政府が重点的投資をしていないためであるといってよいのです。

三陸沿岸の自治体の仮設住宅に暮らす知人は、二〇一四年一二月の総選挙で、経済の回復と今後の成長による「恩恵」が、やがて全国津々浦々に滴り落ちるという首相の言葉にたいして、「そんな気長なことに期待して生きろというのか、もはや棄民状態だ」と憤っていましたが、総選挙では三陸沿岸の人びとの生活再建は、政権党のみならず野党からも積極的な提案はありませんでした。

一方、福島の原発事故の結果、いまだに一二万人が避難生活を送っています。しかし、政治はあたかもすさまじい原発事故などなかったかのように、またそれにより住居と職を失った多数の人びとなどいないかのように、原子力発電所の再稼働に向けて舵を切っています。政権の意向が反映されている、あるいは政権に同調することで組織の存続をはかろうとしたのか、原子力規制委員会は九州電力川内原発の再稼働を認めました。その結果、川内原発は二〇一五年九月に本格的営業運転を再開しています。薩摩川内市や鹿児島県知事・議会は「歓迎」一色ですが、田中俊一・原子力規制委員長は「絶対安全を保証するものではない」と言い放っています。これほど無責任な言葉もないでしょう。

それればかりか安倍政権は、原発を日本経済の成長のための「ベースロード電源」と位置づけ、一時的に止まっている原発の再稼働に加えて、青森県大間原発のように、建設途中だった原発の工事再開を許容しています。さらには、これだけの大事故を引き起こしながら、成長戦略の一環として原発プラントの輸出を画策しています。

「日本人のモラルはどうなっているのか」とは、アメリカの知人の弁ですが、頭を低くして聞く以外にありません。外国人のこのきびしい視線は、残念ながら政治の世界では、まったく認識されていません。もっとも、原発プラントの海外輸出は、福島の大事故直前に民主党の菅直人政権が決定していますから、野党も政権に批判の矛先を向けることができないのでしょう。

しかし、大津波と原発事故による大惨事は、はたして「風化」してしまったのでしょうか。事実は政権やメディアが執拗にこの事実をふまえた政策や報道を怠ることによって、人びとの記憶から遠ざけようとしているといわざるをえません。東電の崩壊した四基の原子炉の状況を図解入りで時々刻々と報道しているのは、『東京新聞』だけです。東日本大震災の惨状のみではありませんが、マスメディアが政治権力の行動に冷めた目をもたないならば、事件、事故は大衆の一時的な関心事に終わってしまうでしょう。

ところで、東日本大震災の発生からしばらくのあいだ、これは「第二の敗戦」だといわれました。いまではすっかり影を潜めていますが、そこで意味されたのは、経済成長一辺倒の戦後日本の政治行政、経済社会システムの崩壊が、眼にみえるかたちで明らかになったことです。さらには、それに付随するかたちで学問・研究のあり方を問うものなのです。

三陸沿岸の復興状況や原発事故に伴う人びとの生活状況については、執拗な追究がおこなわれていくべきです。経済成長のためには「多少の犠牲は致し方ない」といった言説が、これまでも繰り返されてきました。人命や生活権は何よりも重視されねばならないのであって、「多少」などという数値の問題ではないのです。政治や経済の手をさしのべずに「棄民」をつくり出してはならないのです。

このことをベースにおきながら、「第二の敗戦」の意味するものと今後歩むべき道を考えていくことは、大震災の惨状を風化させないために、そしてあらたなシステムを創りあげるために、避けて通ることのできない課題といわねばならないのです。

2　問われるべき点は、何だろうか

政治と行政の過去・現在・将来

「3・11」はじつに多くの論点を提示していると思いますが、まず考えねばならないのは、政治と行政のしくみとあり方です。「地震列島・地震大国」というありがたくない名前がつけられている日本に、五四基もの原発の稼働が許されていました。電力会社の責任は重大ですが、それにもまして設置・稼働を許可してきた政治の責任は、きわめて重いといわねばなりません。そして、これだけの重大事態にもかかわらず、いまだに徹底的な原因究明がおこなわれていません。これは原発事故だけの問題ではありません。政治や行政は、しょせん人間のかぎりある知恵と情報による営みですから、規模の大小はともかく「失敗」があります。その原因究明こそが、時代のリスクを最小とするのですが、それがビルトインされていないのではないでしょうか。

それだけではなく、あいかわらず経済の成長が最重要課題とされ、市場での競争が当然のことのように語られます。加えて、最近の政治は「歴史修正主義」という言葉が物語るように、過去の日本の歩み、とくに第二次大戦前後からの歩みを「自虐的」だとして否定する傾向を強めています。また、現行の日本国憲法はアメリカによる「押し付け憲法」であるとして、日本人の手による日本に相応（ふさわ）しい憲法に「改正」すべきとの議論が、勢いを増しているようにみえます。いったい、こうした政治と行政の深層にあるのは、どのような構造であり思考なのでしょうか。そして、その先には何が展望されるのでしょうか。わたしたちは、政治の大きな潮流を見極めることで、はたして別の道はないのか、あるとすれば、どのように実現するのかを考えてみなくてはならないでしょう。

経済成長「信仰」の裏面で何が起きているのだろうか

最近の日本には一九六〇年代の高度経済成長を讃える論調が目立ちます（たとえば『文藝春秋』二〇一五年二月号）。それはたんなるノスタルジア（郷愁）ではないでしょう。実質ＧＮＰ

（国民総生産）で年率一〇パーセントを超える成長をしめした高度経済成長をなお追求せねばならない、という主張であるようにみえます。

あれほどの大事故を起こした原子力発電も、なお、基幹的なエネルギー源として維持せねばならないと政府や経済界はいいます。二〇一三年以来、日本の全原発は政権が再稼働を認めた九州電力川内原発一、二号機をのぞいて停止しています（二〇一五年一二月現在）が、原発の停止によって石油やLPガス（液化石油ガス）の輸入が増えて貿易赤字が拡大し、電気料金も値上がりしています。経済成長のためには、「安価」な原子力発電が不可欠であるというわけです。この問題には、のちに再度考えていきますが、運転費用というきわめて限定された視点にたてば、そういえないこともありません。けれども、いったん事故が起きたとき、さらには事故を起こさずに廃炉とされたとき、その終末処理にかかる経済的・時間的コストが気が遠くなるような膨大なものになるのは、多くの論者によって指摘されていることです。

経済成長を持続しなくてはならないといった政治や経済界の主張の一方で、はたして、何のための、だれのための成長なのかは、まじめに議論されているとはいえないでしょう。現実にも、企業にとっては使いやすい（使い捨てやすい）非正規労働が増加し、階層間格差はひらく傾向を濃くしています。

ある特定の産業や階層の経済的「成功」は、やがてすべての人びと・地域にトリクルダウン（滴り落ちる）し、日本全体を豊かにするとの言説が政府の中枢から叫ばれています。わたしはこの言葉を聞くと、一九八〇年代アメリカのレーガン政権が盛んに語った「貧乏人を金持ちにするには、金持ちをもっと金持ちにすることだ」というプロパガンダ（政治的宣伝）を思い出します。金持ちはたしかに増えたけれど、貧乏人も増加したのです。しかも、増加のスピードと人数は、貧乏人の方が速く多いのです。

わたしたちは現実の生活と経済を見据えて、経済成長一辺倒の政治・経済システムとは違うシステムを創り出していかねばならないでしょう。なぜなら、経済はそれ自体として存在しているのではなく、生活のためにあるからです。どのような生活であるべきかを考えることは、経済システムの創造に通じるのです。

科学・技術そして教育のありよう

「絶対安全」をうたってきた東京電力福島第一原発の重大事故後、マスコミなどで「原子力ムラ」が盛んに報道されました。この言葉が意味しているのは、原発開発・運転にあたって政治家・官僚・業界・学者の共同体がつくられているばかりか、きわめて不透明な関係にあるということです。実際、重大事故後のテレビや新聞には、コメンテーターとして、共同体の一員である原子力工学者が次つぎと出演し、事故を傍目(はため)に能天気な解説を加えていました。かれらは事故の重大性が明らかになるにつれて、姿を隠してしまいましたが、原発の再稼働が政治のめざすところとなると、ふたたび跋扈(ばっこ)しています。

かれらが「原子力ムラ」に加わっていったのは、学者としての「名声」や研究費の獲得、将来の生活設計など、多くの理由が複合していることでしょう。実際、原子力工学者でも原発の安全性に疑問を提示してきた人びとは、大学でも学界からも、もちろん電力事業者や官庁からも遠ざけられてきました。

原発の重大事故は、これまでも述べてきたように多くの問題を社会に投げかけていますが、そのなかのひとつは、科学・技術のありようです。そしてまた教育のありようだといえます。政治権力や経済権力が自己の利益を徹底的に追求するのは、当然のことです。そして、その追求には一定の知見や情報を必要とします。その際に、外部の学者・研究者にアドバイスをもとめることにもなります。問題はこの後です。アドバイスをもとめられた学者は、「お施主さま」の思いのままの画を描き、密着していってよいのかどうかなのです。

これは今回の原発事故に責任があると思える科学・技術専門家だけにとどまる問題ではない

といえます。水俣（みなまた）病などの公害病事件、薬害スモンやエイズ事件をはじめとした自然科学や技術分野にかぎられません。広い意味の社会科学分野でも、政治権力や経済権力への同調や追従が目立っているようにみえます。

いったい、科学・技術は「だれのためにあるのか」、科学・技術の倫理とはどうなくてはならないのか。これは古くからの命題でもあるのですが、改めて真剣に考えてみなくてはならないでしょう。同時に、科学・技術の基礎をつくる教育のあり方が問われるといえます。ここには小中学校基礎教育から大学・大学院の高等教育が含まれますが、そのあり方しだいによって、科学・技術の方向が決定づけられるといってよいでしょう。

このようにみてくると、東日本大震災は日本という国のシステム全体を問い直すことを、人びとに投げかけたといってよいでしょう。さらに、二〇一四年から一五年にかけて政権が進めた集団的自衛権行使のための立法は、日本の民主政治の根幹である立憲主義を揺るがしています。それは日本という国のゆくえを左右する重大な政治の変化です。

これらの論点にそって問題点を見極めつつ、はたしてわたしたちは、どこへ向けて歩んでいくべきかを、考えてみることにしましょう。

Ⅰ章　政治は、いま、どんな状況にあるだろうか

1　保守政治の七〇年

否定しづらい言葉の裏で

政治によって何を変え、どのような将来を築くかは、政権を担う政党（政権政党）のイデオロギー・思考、利益調整能力に大きく左右されます。政権政党は社会を構成するさまざまな利益にささえられています。高度の複雑化した社会には、政権政党を通じて自らの利益を実現しようとする集団が噴出します。政権政党はしたがって、そのすべてに応えることはできないから、集団間の調整をはたし一定の合意を導き出さねばなりません。

こうした背後の利益を調整すること自体、政権政党の重要な課題ですが、同時に政権党のリーダーには、政治家としての歩みのなかで培った世界観、国家観、人間観が伴っています。その凝縮の程度は異なるにせよ、これらが社会的諸利害の調整の方向を左右し、政権政党の意思の決定を導くことになります。

ただし、政治をみる際につねに留意しておきたいのは、政治リーダーの世界観、国家観、人間観が、赤裸々に表に出てくることはないといってもよいことです。それは多くの人びとが「歓迎」とまではいわないまでも、「納得」するような言葉に包まれているのがふつうです。そのような「包装紙」が政権自らによってつくられ、多様なメディアを通じて社会に伝えられるのです。

ひとつの時代が悲惨な事態に終わったとき、政治が真に追求しようとしたものが何であったかが、往々にして明るみに出てきます。ユダヤ人の大量虐殺をおこなったドイツ・ヒットラー政権は、ユダヤ人の金融資本がドイツ国民の困窮を招き入れたとして、大衆の支持をえていったのです。ドイツの例をあげるまでもないでしょう。日本の戦前期における朝鮮、中国、東南アジア「侵略」は、「大東亜共栄圏」の建設という政治的スローガンをかかげ、アジア諸民族がともに栄える「ひとつの家」をつくり、欧米諸国の植民地支配を排するためと宣伝されたのです。それらは教育制度や地域社会の地縁組織までを動員した世論操作の結果、多くの国民の支持をえました。

わたしたちが五年近く前に経験した東京電力福島第一原子力発電所の崩壊とそれに伴う回復不可能なまでの環境破壊も、まったく同じだといえます。原子力発電は資源小国・日本に適合した電源だ、発電コストが廉価である、炭酸ガスを出さないクリーンなエネルギーである、二重・三重の安全装置が機能しており「絶対に安全である」、といった言説に加えて、重大事故を起こしたチェルノブイリ原発とは型式も運転技術員の能力も異なる、といったPRが、政府、電力事業者、さらには政府や企業のPRなのかマスコミの記事なのかが判然としないかたちでなされていきました。学校教育でも原発の安全性と優秀さが、副読本を用いてこどもたちに刷り込まれていきました。原発に異論を唱える者は、科学者・技術者はもとより、市井の人間でも「ムラ八分」のように扱われたのです。

こうした重大な歴史的事態・事実では、のちに政治の言説の虚構性があらわになりました。けれども、日々の政治でもその正当さを獲得するために、人びとが否定し難いレトリックが用いられます。東日本大震災との関連でいえば、大災害を防ぐためにという「国土強靭化」などは、そのひとつの典型例でしょう。国土強靭化を正面から不必要などというひとはいません。とはいえ、この言葉のもとに全国各地で展開される巨大公共事業は、はたして妥当でしょうか。しかも、「荒野」とさえいえる被災地を見下ろすかのように、高台に南北を縦貫する高速道路の建設が進んでいるのをみるとき、何かが違うと思うひとは多いのではないでしょうか。また「国土強靭化」といいつつ、原発の再稼働や建設を進めているのも、おかしな話ではないでしょうか。

政治は「言葉の芸術」ともいえます。政治がどのような言説をもとにして、その実、何をめざしているのかを注意深くみることが大切だということです。同時にわたしたちは、その時々の政治リーダーの識見やかれをささえる集団の組織利益を、見極める眼をもたねばならないでしょう。

猛々しさを増す政治

日本の政治は、とりわけ第二次安倍晋三政権の成立した二〇一二年一二月以降、猛々しさを増しているようにみえます。安倍政権は一部の右派政治集団から提起されていたとはいえ、政権政党である自由民主党が取り組むことのなかった政策や制度の改変を、次つぎと実行しています。これについてはのちにくわしく述べますが、特定秘密保護法の制定、集団的自衛権の行使容認についての閣議決定とそれにもとづく法体制の整備、そしてまた武器輸出三原則の撤廃、ODA（政府対外援助）の使途の変更などを矢継ぎ早に進めてきました。そして、二〇一六年の参議院議員選挙に勝利し憲法改正の国民投票を実施するといったプログラムを公言しています。

中国とのあいだに尖閣（せんかく）諸島をめぐる領有権問題があるのはよく知られていますが、中国との軍事紛争に備えるというよりはむしろ、それを大義名分として日本の軍事大国化をめざしているようにもみえます。このための法制化や政策指向のなかみは、のちに検討することにしますが、ここで指摘しておきたいのは、この政権が立憲主義とは何か、その本質を理解していないようにみえることです。

日本国憲法第九条は、次のように定めています。

① 日本国民は、正義と秩序を基調とする国際平和を誠実に希求し、国権の発動たる戦争と、武力による威嚇又は武力の行使は、国際紛争を解決する手段としては、永久にこれを放棄する。

② 前項の目的を達するため、陸海空軍その他の戦力は、これを保持しない。国の交戦権は、これを認めない。

この憲法条文を「素直」に読むならば、自衛隊の存在も否定されるでしょう。ただし、歴代政権は自衛隊をここでいう「戦力」ではないとし、日本が軍事的に「侵略」された際の軍事力の行使＝専守防衛は認められるとしてきました。いわゆる「専守防衛」のための「個別的自衛権」論です。安倍政権が立法化した「集団的自衛権」は、日本にも「脅威」となりうる事態と政治が判断したとき、他国の軍事行動を軍事的に支援することを意味しています。日本からはるか離れた地域での戦闘に加わることにも通じます。しかもそれは、日本と安全保障条約を結び軍事的同盟関係にあるアメリカだけを支援対象とするものではありません。

憲法は政治を縛るもの

集団的自衛権をどのように考えるかには、多くの議論がありえます。ただし、内閣レベルで憲法の解釈を変更し集団的自衛権の行使を可能としたことは、立憲主義の理念・原則にたいする明らかな違反・逸脱だといわねばなりません。

そもそも国民主権のもとの憲法は、政治権力の行動を縛る法規範なのです。安倍首相は集団的自衛権の行使容認についての国会質問で、「私が最高責任者であり、判断の適否は総選挙で問う」と答えていましたが、立憲主義の理解の無さもきわだっています。このような政治がまかり通るならば、憲法など意味をなさず、権力者は思いのままに政治体制を変えていくことができてしまいます。一九三三年のナチスによるワイマール憲法の停止を目的とした、全権委任法のような状況が起きてしまうのです。政権が集団的自衛権の行使を必要と考えるならば、堂々と憲法改正を発議し、国民投票に訴えねばなりません。

こうした憲法に関する政権の「突出」した行動は、従来の「保守」政治とはかなり異なっています。安倍政治についての言説には、「保守」政治ではなく「右翼」政治だという学者・文化人もいます。その妥当性はのちに述べることにして、第二次大戦の敗戦からすでに七〇年です。たいへん長い時間が経過しています。ここで、近年の日本の政治について考えるためにも、第二次大戦後の「保守」政治とはどのような特徴をもっていたのかを、振り返っておきたいと思います。

保守主義とは何だろう

さて、現代日本の政治は自らを「保守党」と規定する自由民主党（自民党）によって担われています。もっとも、現在、自民党単独政権ではなく公明党との連立政権となっています。首相の指名に権限をもつ衆議院の議席数からいえば、自民党は他の政党と連立しなくてはならない理由はありません。自民党は衆議院でも参議院でも優に過半数を超える議席をもっています。ただ、自民党は一九九九年以来、民主党政権時代をのぞいて公明党と連立を組んでいます。公明党は大都市部を主たる集票基盤とする政党です。自民党サイドからいうと、とりわけ大都市部の小選挙区で公明党の最大の支持団体である創価学会票をえるためです。一方の公明党サイドは、政権党であることによる支持者への利益の還元が目的だといえます。

ともあれ、自民党が「保守」だというのは、自民党の政治家のすべてが認めるところですが、民主党をはじめ野党のなかにも自らを「保守」政治家という者も少なくありません。しかし、そもそも「保守」とは何か、それが保守主義の短縮形だとすれば、保守主義とは何かが問われなくてはならないでしょう。保守主義一般といえるものはありませんから、日本の「保守」とは何を特徴としてきたのかを、考えてみる必要があります。

保守主義とは簡単にいってしまえば、何らかの伝統的価値、あるいはそれを体現している制度を守ろうとする思想であり、運動だといえます。したがって、保守主義が意味をもつのは、こうした価値や思想、それによる制度が、国の内部あるいは外部からの攻撃にあい激動し崩壊の危機にさらされているときだといえます。こうした状況ではじめて保守主義は、人びとに自覚化されることになります。

「ムラ社会」と国の支配原理

日本における近代国家の成立は、一般に一八六八年の「明治国家」の誕生をさします。それは天皇を元首とした立憲君主国家の体裁をとるものでした。一八八〇年代後半以降、日本は政治や行政の法制度的な近代化をはかります。明治憲法（大日本帝国憲法）の制定、帝国議会の開設、内閣制度、官吏制度（官僚機構の整備）、軍事組織の整備、地方制度の確立などがそれらです。

とはいえ、明治憲法体制のもとで、国民の選挙にささえられた政治機関（選出機関）は、帝国議会の衆議院のみでした。天皇を元首とする政治体制は、「非選出」政治機関にささえられたのです。内閣自体が衆議院の多数派に組織されるのではなく、元首たる天皇によって任命されるものでした。帝国議会の貴族院議員の構成も同様です。かれらは「勅撰議員」という言葉が物語るように、天皇によって任命されました。しかも、それらの天皇の行為は元老・元勲と呼ばれる重臣——明治維新の指導者たち——の意思や枢密院によってなされたのです。そして、これらに加えて軍事組織もしだいに重要な政治的発言力をもつようになっていきました。

こうした外形的な立憲君主制をささえたのは、次のような政治の論理でした。すでに多くの研究がなされていますが、藤田省三の『天皇制国家の支配原理』（みすず書房）、川島武宜の『日本社会の家族的構成』（岩波現代文庫）は、政治支配の論理や精神構造にするどく迫った優れた研究です。これらの研究が明らかにしているように、明治国家は日本社会の基底部に脈々と生きつづけてきた「家族主義」を国家レベルの支配論理として構成されたのです。日本社会には家長をいただく家族が存在する。家長の「恩寵」を受ける家族共同体が存在する。さらにこれをもとに地域がつくられる。地域の長のもとに共同体がつくられる。いまにも一部残る「ムラ八分」とは、地域・ムラの長の指示にしたがっているかぎり、「平穏」な生活が保障されるとの論理を基本とした、造反者への報復の言葉なのです。

こうした社会の基底部における「ムラ共同体」の論理を国家による国民支配の論理として構成したのが明治国家でした。つまり、天皇を国の「家長」になぞらえ、天皇のもとの国民は、天皇の「恩寵」にあずかるとするものです。国民は天皇の「臣民」であり、さらには「赤子(せきし)」と呼ばれたのです。もちろん、政治制度としていえば、男子普通平等選挙権の実現により一九二〇年代の一時期、政党政治をもとにした擬似的な「議院内閣制」状況をみることができます。しかし、さきのような支配の論理にささえられた政治・行政制度が強固なまでにつくられていきました。教育面でも、まさに天皇親政を基本とした教育が実施されていきます。学校には「御真影」なる天皇の写真がかかげられました。また、各種の行事において東京の方向に頭を垂れる天皇（皇居）遥拝(ようはい)が、おこなわれたのです。

権力に従順な社会

こうして明治国家の支配論理は、日本のアジア侵略に向けた国民総動員を可能としたのであり、その結果が一九四五年の多大な犠牲のもとでの敗戦だったといえます。

第二次大戦（アジア・太平洋戦争）の敗戦によって日本は、アメリカを中心とする連合国軍の占領下におかれました。天皇を元首とした憲法体制は全面的に否定され、国民こそが国の意思を決める主体であるとする、国民主権にもとづく日本国憲法のもとであらたな歩みを開始しました。

さきに概括的に定義した「保守主義」に従うならば、戦前期体制はまさに崩壊の危機に瀕したのであり、戦前期体制をささえた価値や制度が明確に意識され、それを維持するために新体制にたいするレジスタンス（抵抗）運動が起きてもおかしくはないでしょう。ところが、敗戦前夜に一部軍人による抵抗はあったものの、民衆レベルでの抵抗はみられませんでした。

そもそも、日本社会の基底部におけるムラ的構造をもとにして打ち立てられた国家の支配論理がさまざまな機会をとらえて教化されたのは、一八六八年の明治維新を起点としても七七年であり、明治国家の制度実態からいえばたかだか六〇年弱なのです。これはのちに述べますが、戦前期体制への「回帰」が、日本の「美しき」伝統を守るといった論調のもとに一部の政治勢力から声高に語られていますが、人為的につくられた天皇を元首とする体制は、「伝統」と呼べるほどの時間をもつものではないのです。

それどころか、袖井林二郎『拝啓マッカーサー元帥様　占領下の日本人の手紙』（大月書店、岩波現代文庫）は、時の最高権力者への精神的従属とその受容を余すことなく物語っています。「マッカーサー陛下様　新米をお送り申し上げます」、「家宝の甲冑（かっちゅう）をお贈り申し上げます」と いった農産物や家宝の贈呈にはじまり、なかには「貴方様のお子様が欲しい」いったものまであったようです。天皇制や明治国家にたいする批判論者であっても、いったい戦前期皇民教育とは何であったのかと思わざるをえないでしょう。権力そのものに従順な政治文化が存在するといえるのです。

このようにみると、日本の保守主義の基底にあるのは、「ムラ社会」であり、それゆえの権力（政治権力にかぎらずムラの長や組織の長を含む）への同調であるといってよいでしょう。明確なイデオロギー、政治信条に裏打ちされたものではないといえます。

秩序維持派としての保守

さて、ＧＨＱ（連合国軍最高司令官総司令部）による占領下、さらには一九五二年の日本独立後の政治は、敗戦後の一時期をのぞいて「保守」政党によって担われてきました。日本独立後には敗戦・占領下で政界から「追放」されていた政治家も復帰し、岸信介（のぶすけ）のように首相に上戦前期体制への回帰を露骨に主張したわけではありません。

一九五五年一一月に分散的であった「保守」政党の合同がおこなわれ、自由民主党（自民党）が生まれました。その一か月前の一〇月には、サンフランシスコ平和条約＝日本独立のあり方をめぐって分裂していた左派・右派社会党の合同がおこなわれ、こちらも日本社会党として再発足しました。

サンフランシスコ平和条約をめぐっては、「片面講和か・全面講和か」が、日本の政界および言論界を二分する大問題でした。つまり、第二次大戦で日本と戦った連合国を構成したアメリカとソ連は、第二次世界大戦終了とともに、「冷戦」状況に陥りました。アメリカを盟主とする資本主義陣営とソ連を盟主とする社会主義陣営の対立です。どちらも世界的な覇権を追求したのです。一九五〇年六月には、米ソの代理戦争ともいうべき朝鮮戦争が起きます。GHQの中心であったアメリカは、朝鮮戦争の勃発に先立って日本を北東アジアにおける対ソ連の政治的・軍事的拠点とすることを構想していましたが、戦争の開始とともに日本の再軍備を指示します。サンフランシスコ平和条約は、こうした世界的政治戦略のもとで日本を独立させるものであり、連合国全体との平和条約の締結ではありませんでした。したがって、アメリカを盟

自由民主党の結党大会（保守合同）1955年11月15日　東京都千代田区・中央大学講堂（写真・毎日新聞）

主とする陣営のなかで日本は生きていくべきだとする意見と、そうではなく連合国すべてと平和条約を締結し、憲法にいう「平和国家」として米ソ両陣営から中立的な生き方を追求すべきだとする意見とのあいだに大論争が起きたのです。

ともあれ、一九五五年の自民党ならびに社会党の成立は、戦後日本の政治の枠組みをつくるものでした。政権は自民党によって担われていきます。「一九五五年体制」あるいは「一と二分の一政党体制」との言葉がありますが、二大政党制とはいうものの衆院の議席からいうならば、一と二分の一が自民党と社会党の占有状況だったといってよいのです。

自民党は党綱領に「自主憲法の制定」をかかげました。これは現行日本国憲法が占領下にGHQ＝アメリカによって起草され押し付けられたものだ、という政治的認識によるものです。しかし、自民党はこの党綱領の実現に向けて動くことはありませんでした。「神棚」に祀り上げ日本の伝統や文化を守るという「保守」勢力結集の記号として扱ってきたといってよいでしょう。

もちろん、自民党による戦後政治は、高度に政治的イデオロギーに彩られた側面がなかったわけではありません。とりわけ、岸信介政権（一九五七年二月―六〇年七月）が進めた日米安保条約の改定は、それまでの「片務的」なアメリカへの軍事的従属を、「双務的」な軍事協力関係に改めようとするものでした。「双務的」な関係の構築とはいうものの、実態はより深くアメリカの軍事的覇権をささえるものでしたから、一段とアメリカに従属する関係を築いたといえます。それゆえに、「六〇年安保闘争」の言葉が残るように、日本の平和的存立をもとめる大規模な反対運動が生じたのです。

とはいえ、この六〇年安保闘争後の自民党政治は、じつに現実主義的政治を展開するものでした。自民党に代表される「保守」とは、アメリカへの軍事的従属（協調）をベースにしつつも、それ以上の政治「大国」路線を主張することなく、経済社会の近代化を追求する集団であったといえるでしょう。いい方を換えるならば、日本の「保守」政党は、何らかの固く維持すべき保守主義の哲学をもっているから「保守」なのではなく、現状を維持しつつ漸進的改良で豊かさを追求し、そのためにもまた既存の政治・経済体制を守ろうとする秩序維持派であったといえます。

近代化追求の共鳴盤

ところで、政治のゆくえは諸勢力の関数ですから、こうした「保守」政治と対抗関係にある社会党をみておかねばならないでしょう。社会党の結党は戦前期のマルクス主義者の一派である「労農派」（共産党とは日本の資本主義の構造について意見を違えたグループであって、雑誌『労農』をよりどころとしていた）グループ、戦前期の穏健な社会民主主義者、そして戦後の民主化によって叢生（そうせい）した労働組合運動や農民運動の活動家などによっていました。政治的立場やイデオロギーを異にする集団の集まりでした。

サンフランシスコ平和条約や六〇年安保闘争の「政治の季節」が過ぎ去ると、社会党は綱領やそれに類する文書では、議会を通じた平和的な社会主義国家の建設をかかげていたものの、社会党の有力支持基盤は、経済の成長のもとで勢力を拡大していた労働組合であり、そのナショナルセンターである総評（日本労働組合総評議会）でした。もちろん、社会党は政権の経済政策がもたらした社会的歪みにたいして修正をもとめていきました。にもかかわらず、全体としていえることは、この政党もまた社会主義国家の建設をいいつつも、それに向けた戦略・戦術を明確に打ち出し、大衆的な運動を展開したわけではありません。いわば、「体制内革新派」であって、根幹の部分では経済社会の近代化主義者の集まりだったといえるでしょう。それゆえに、自民党とそれに対抗する社会党とのあいだには、経済社会の近代化という「共鳴盤」が存在していたといってよいのです。

柔らかな「保守」政治

日本は一九五〇年代後半より高度経済成長の時代に入っていきます。とりわけ、六〇年安保闘争で国論が二分し殺伐とした政治状況のもとで成立した池田勇人（はやと）の政権（一九六〇年七月―六四年一一月）は、「寛容と忍耐」を政治運営のスローガンとしてかかげ、政治社会の統合を試みることになります。池田政権はこのために経済のさらなる成長を追求していきました。国民所得倍増計画、全国総合開発計画、新産業都市建設促進法などにもとづく経済成長の政策手段とされたのは、臨海部に鉄と石油化学のコンビナートを建設することでした。一方で、こうした工業開発のために道路、鉄道、水資源開発を推し進めていきました。

重厚長大型産業を機軸とした経済成長は、GNPの年率で一〇パーセントを超える「成功」をおさめたのです。経済成長は当然のことながら税収の自然増収をもたらします。六〇年代後期に入ると減税してもなお自然増収分が減税分を上回るという「驚異的」状況を呈しました。

高度の経済成長がなぜ成功したのか。これには多くの要因が指摘できるでしょう。実際にも多くの研究がなされてきました。日本人の教育水準が平均として高いのもそのひとつでしょう。また精緻につくられている官僚機構が政権の意を受けて政策手段を開発していったこともあげられます。そのようななかで注目しておきたいのは、高度成長に伴う生産基盤の整備に要した財源が、もちろん税から支出されたのに加えて、財政投融資資金から投下されたことです。当時、全国津々浦々の郵便局に預けられた郵便貯金、厚生年金と国民年金の掛金は、大蔵省資金運用部という「国家銀行」（実体的組織ではない、管理は大蔵省理財局による）に強制的に預託されて、財政投融資資金として政府系金融機関や事業系の公団、事業団に貸し出されたのです。そして、政府系金融機関は民間企業などに融資し、事業系の公団、事業団はそれを資本として公共事業を展開しました。ようするに、ここでいいたいのは、国民の零細な貯蓄や年金掛金が高度経済成長の資金であったことです。生産基盤の整備に世界銀行からの融資があったことも事実ですが、日本のばあい経済成長に向けた自己資本がそれなりに潤沢であったといえます。

高度の経済成長に助けられたといってよいのですが、自民党政治はきわめて不完全ではあるものの、社会保障・社会福祉の整備に着手しました。一九六一年の国民皆保険・皆年金は、そのひとつのあらわれです。健康保険は今日でもなおそうですが、保険者を違えてつくられてきました。国家公務員・地方公務員の共済組合、企業の健康保険組合、協会けんぽ（旧・政府管掌健保と船員保険）がそれらです。市町村を保険者とした国民健康保険は第二次大戦中につくられましたが、市町村の義務ではありませんでした。したがって、第一次産業従事者や中小零細事業者と従業員の多くは、公的健康保険の対象外だったのです。一九六一年に国民健康保険はすべての市町村に実施が義務づけられ、国民のだれもがいずれかの健康保険の被保険者となり、医療保険の大きな穴が埋められました。

これらに加えて、社会福祉立法も次つぎと制定されていきました。生活保護法（一九四六年。五〇年に全面改正）、児童福祉法（一九四七年）、身体障害者福祉法（一九四九年）、社会福祉事業法（現・社会福祉法、一九五一年）といった戦後初期の福祉関係立法に加えて、精神薄弱者福祉法（現・知的障害者福祉法、一九六三年）、老人福祉法（一九六三年）、母子福祉法

（一九六四年。現・母子及び寡婦福祉法、一九八一年）、児童扶養手当法（一九六一年）、重度精神薄弱児扶養手当法（現・重度知的障害児扶養手当法、一九六四年）が制定され、いわば高度経済成長による「国民所得倍増」から取り残されている人びとへの福祉立法が整備されました。もちろん、サービス給付のレベルやサービス給付の行政手続きには議論が残ります。とはいえ、こうした立法措置に加えて、一九六〇年代は福祉関係施設の整備がおこなわれました。

経済成長の裏で

ところで、高度経済成長はたしかにＧＮＰの成長をうながし、一九六九年に日本は自由主義圏で第二位のＧＮＰ「大国」となりました。そして「先進国に追い付け・追い越せ」なるナショナル・ゴールは、巨視的にいうかぎり達成されたのです。しかし、この経済成長は計画的に整備された生産基盤、生活基盤、経済活動についての規制のもとで実現したのではありません。それゆえに、経済成長の負の側面である公害・環境問題を深刻なものとしました。悲惨な水俣病、四日市ぜんそくをはじめとする公害病を生み出したばかりか、広域にわたって大気汚染、水質汚濁などの環境汚染を深刻化させました。加えて、経済的発展は全国的な規模で都市化を進行させました。とりわけ、経済中枢管理機能の集中する大都市圏やコンビナート地域に

高度経済成長期 1950 年代半ばの四日市　石油化学コンビナートが排出する大量の亜硫酸ガス等の大気汚染物質が原因となり「四日市ぜんそく」を引き起こした（写真・四日市公害と環境未来館）

農村部から流入する人口が増大していきます。この結果、全国的には過疎と過密の問題が発生しますが、大都市圏を中心として生活基盤の脆弱性（ぜいじゃくせい）があらわとなり、いわゆる都市問題を深刻化させました。

地域からの政治文化の変容

このような公害・環境問題や都市問題が深刻化するにつれて、日本の政治には大きな変動が起きます。一九六三年の統一地方選挙がひとつの契機でしたが、いわゆる「革新自治体」運動が起きるとともに、公害問題やコンビナート建設反対、都市の社会資本の整備などをテーマとする住民運動が全国各地に叢生しました。「革新自治体」とは、一般に社会党や共産党の推薦・支持を受けて当選した首長をいただく自治体をさしますが、これら政党が自民党などの保守勢力に勝利したとみるのは間違いです。それは経済成長の歪みを眼前にして巻き起こった住民運動・市民運動に象徴される政治的に能動化した市民にささえられた、自治体の「変革」運動であったといえます。「もの言わぬ大衆」あるいは権力や権威に「従順」であると見なされてきた大衆の実態を考えるならば、日本における政治文化の変容を物語るといえます。

こうした政治文化の変容は、政策・事業・制度によって担保されていかねばなりません。そのひとつの拠点となったのが、「革新」自治体でした。「革新」首長は、「中央に直結した地方自治」なる論理矛盾もはなはだしい保守勢力のスローガンを否定し、「住民に直結した地方自治」をかかげ、市民参加・住民参加の制度化を試みるとともに、当時の一大社会問題であった公害にたいして、国の法令基準を上回る規制を自治体の立法である条例をもって事業者に課していきました。また、施設収容型の福祉にたいして在宅福祉、地域福祉のカテゴリーを対置していきました。さらには老人医療費の無料化や生活保護の枠からはずれる部分に「法外援護」を試みたのです。高度経済成長はマクロレベルで国民所得を押し上げたのですが、所得の階層間格差を拡大したことへの対応であったといえます。ともあれ、「革新」自治体の叢生

（一九七〇年代初頭には約一四〇自治体）は、中央各省の下級機関的色彩の濃かった自治体の「改革」を試みるものでした。

さて、地域・自治体からの市民の政治的能動化は、国全体にわたる政治や行政の制度に大きな変化を推し進めました。なかでも画期的なのは、情報公開条例の制定といってよいでしょう。情報公開法制の必要性は、一九七六年のロッキード事件を機として論じられてきました。これは市民に政府（自治体）の公文書（電磁的文書を含む）にたいする公開請求権を付与し、政府に請求にもとづく公開を義務づけるものです。ある意味で当然ですが、政府は公文書の公開に消極的となります。逆にいえば、情報公開法制がつくられているかどうかは、民主政治のバロメーターといえるのです。中央政府は情報公開法の制定に重い腰を上げようとしませんでしたが、一九八二年に山形県金山町（かねやままち）、その翌年には神奈川県と埼玉県が情報公開条例を制定したのを手始めとして、次つぎと自治体は情報公開条例を制定していきました。これらの自治体はいわゆる「革新自治体」にかぎられません。自民党によって推薦・支持された首長のもとの自治体も含まれます。同じような政治的な動きは、環境アセスメント条例や自然環境保護条例、景観保全条例などの制定となって現れました。

先の公害防止条例による公害規制の強化は、のちに公害対策基本法をはじめ大気汚染防止法、水質汚濁防止法の改正に結び付きました。情報公開法についても政府は、地方レベルでの条例制定が拡大したことによって、一九九九年になってやっと重い腰を上げ情報公開法を制定しました。

こうした地方発のあたらしい政策が国政の変化をうながしていったことをとらえて、「政権交代なき政策転換」とも表現されました。日本の政治には地域・自治体というカウンターパワー（対抗勢力）が存在し、一方で「保守」政権は、渋々であったとしても、それを受容する「寛容さ」を備えていたといってよいのです。同時に、わたしたちが学んでおきたいのは、中央政府権力にたえず問題提起するカウンターパワーの存在が重要だということです。その強さや構想力が、権力の行動を枠づけるといってよいのです。

保守政治のもうひとつの顔・「お供物・ご利益」政治

「保守」政治といっても、それは強烈な体制変革の指向性をもってきたわけではなく、漸進的改革によって社会体制を安定的に維持しようとするものだったといえるでしょう。ですから高度の経済成長を進めるとともに、そこから生まれる豊かな税収を用いて社会保障・社会福祉システムを整え、また地域や自治体からの政策のイノベーションに応えてきたといえます。

ただし、これらが戦後「保守」のひとつの顔とするならば、戦後「保守」には、もうひとつの顔があります。政治学者の京極純一はそれを「お供物・ご利益」政治という言葉で説明していますが、戦後「保守」を特徴づけたのは、政党・議員などへの「貢ぎ物」と、その見返りとしての「利益の供与」だったといえます。

これはいくつかの側面で説明できますが、選挙区の人びととの関係が基本です。もっとも典型的であり原型的なのは、支持者の依頼に応じてその子弟の就職などの世話をすることです。有権者の側からみれば、票という「お供物」をささげて「就職」といった「ご利益」を賜る関係になります。

とはいえ、この「お供物―ご利益」政治が構造化されたのは、公共事業をめぐってです。選挙区における議員の後援会組織の存在は外国からも注目を集めましたが（たとえば、J・カーチス『代議士の誕生　日本保守党の選挙運動』山岡清二他訳、日経BP社）、そのあり方が議員の当落を決定するともいわれました。しかし、有権者からなる地元後援会は、集票組織ではあるものの「カネ食い虫」です。議員の言葉で「後援会を耕す」といいますが、温泉旅行や観劇などをおこなって後援会メンバーの結束性を高めねばなりません。それゆえ、議員は地元後援会を「耕す」ための政治資金を必要とします。一般に、議員は「地元後援会」に加えて「資金後援会」の二つをもつとされますが、ようするに地元後援会のための政治資金の調達源を確保しておかねばなりません。議員とくに政権党議員は、特定の利益集団や企業の代理人として行動することによって、政治資金をえてきました。さらに、議員のボスともなれば、自分の地元だけでなく、配下の議員（立候補予定者を含む）たちの政治活動資金の面倒をみなくてはなりません。

日本は高度経済成長以来、生産基盤や生活基盤の整備のために、多額の公共事業予算を毎年度計上してきました。道路であれ橋梁であれ、予算の実行地点を決めることを「個所付け（かしょづけ）」といいます。法的には官僚機構の権限です。ゼネコンや地元土建業者の代理人としての議員は、実施地点について官僚機構に圧力をかけるとともに、その情報を入手してきたのです。一方の官僚機構は、大蔵省（現・財務省）から予算をぶんどる際に議員に世話になっていますから、かれらをむげに扱うことはできません。議員・官僚機構・土木業界の「鉄の三角形」がつくられてきたといわれるゆえんです。ともあれ、議員は土木業界からオモテ・ウラの政治資金を受け取り、地元には公共事業を運ぶことで地域の近代化や雇用・現金収入をもたらし、ひいてはそれが集票基盤の強化につながったのです。

「土建国家ニッポン」と政治腐敗

朝日新聞編集委員でありすぐれたジャーナリストであった石川真澄は、こうした政治の営みをさして「土建国家ニッポン」と表現しました。まさに、これは戦後日本の「保守」政治のもうひとつの顔だったのです。確固たる「保守」政治信条の欠けている日本において、「土建国家ニッポン」は、草の根保守主義を培うものだったといえます。

公共事業の全国展開には、所得の再配分機能があるとの議論も展開されましたが、再配分には社会保障の充実など他の手段もあります。むしろ「土建国家ニッポン」あるいは「お供物――ご利益」政治が、政治腐敗の温床となりがちなことの方が、はるかに重大問題なのです。なぜならば、個所付けに政治家が口をきくことは公開の場でおこなわれるわけではないし、公共事業の予算や個所付けの情報をゼネコンなどに流し、政治献金を受け取るのは、不透明な政治行動そのものだからです。

さらに、官庁側による公共事業の発注は、どのような業者でも加わることのできる一般競争入札を法律上原則としているのですが、実際には指名競争入札というしくみがとられてきました。これはあらかじめ入札に参加できる業者を選別したうえで、工事の規模に応じて五つ程度のグループに分け、実際の入札時にはこのグループのなかから複数の業者を選定し、それらに入札させるものです。指名された業者による入札には、談合がおこなわれるとされてきましたが、それどころか「天の声」という政治家の落札業者についての意向が伝達され、それに沿った談合―入札がおこなわれたのです。他の業者が「天の声」に従うのは、いずれ順番が回ってくるからであり、無視したら指名から「追放」されるからです。さらには、まずは入札の指名対象にならないかぎり、公共事業を受注できる機会は永遠にめぐってきませんから、政治家に献金して指名対象業者に加えるよう行政に口利きしてもらう事態も生じました。

公共事業をめぐる腐敗や不透明さは、従来から論じられてきたのですが、一九八九年の金丸（かなまる）信・自民党副総裁（当時）による巨額脱税事件は、改めて事態を明るみに出しました。加えて、リクルート事件（一九八八年）、佐川急便事件（一九九二年）といった大規模な政治スキャンダルが相前後して明るみに出ることによって、「お供物―ご利益」政治、「土建国家ニッポン」といった言葉で表現される「日本型政治システム」は、その病理をあらわにしたのです。その結果、一九九三年には五五年以来の自民党単独政権にピリオドが打たれたのです。これ以降、政党の組合せは流転しますが、日本は連立政権の時代に入りました。

2　右傾化の道をひた走る政治

強まる自主憲法制定論

さて、この本の記述をわたしたちの足元の政治に移すことにしましょう。現在の日本政治におけるもっとも大きな争点は、日本国憲法を維持するのか、それとも改めるのかです。

現行の日本国憲法を批判する政治勢力は、この憲法が日本占領下にＧＨＱによって押し付けられたものであり、日本国民の意思によるものではない、したがって、主権国家としての日本は「自主憲法」を制定すべきだ、といいます。たしかに、一九四六年一一月三日に公布され翌四七年五月三日に施行された日本国憲法は、日本の主権が奪われていた占領下につくられました。この点だけをとらえるならば、「自主憲法」制定派のいうとおりでしょう。

しかし、こうした形式論に立つならば、その間違いを指摘することができます。現行憲法はＧＨＱの中心に位置したアメリカが、占領権力にもとづいて施行を宣言したものではありません。そもそも、日本の占領統治は、ドイツと違って連合国軍の直接統治ではなく間接統治でした。つまり、ＧＨＱは日本の戦前以来の統治構造を基本的に温存しつつ、これに改革作業を指示するものでした。日本国憲法を一度頭から読んでいただきたいのですが、「朕は、日本国民の総意に基いて、新日本建設の礎が、定まるに至つたことを、深くよろこび、枢密顧問の諮詢及び帝国憲法第七十三条による帝国議会の議決を経た帝国憲法の改正を裁可し、ここにこれを公布せしめる」という昭和天皇の宣言からはじまります。

つまり、日本国憲法は帝国憲法（明治憲法）の定める改正手続きにのっとって、明治憲法の改正として制定されているのです。しかも、帝国議会の議決といいますが、現行憲法を議決した「帝国議会」は、戦前期からの議員で構成されたのではなく、男女平等の普通選挙を定めた選挙法によって新しく選出された議員からなっていたのです。

占領下に制定された憲法だからと否定し、「自主憲法」を制定せよという政治勢力が、こんなことを知らないはずはないのです。「自主憲法」制定勢力の「本音」は、こんなところにはないでしょう。ＧＨＱによる「押し付け憲法」論は、大衆の支持をえようとする政治的プロパガンダ（宣伝）にすぎません。

天皇を「元首に」の意味

「自主憲法」制定派が現行憲法の何を問題視しているのかは、いく点にもわたって指摘できます。第一は、天皇の地位だといえます。憲法第一条は「天皇は、日本国の象徴であり日本国民統合の象徴であって、この地位は、主権の存する日本国民の総意に基く」としています。二〇一二年四月二七日に決定された自民党の「日本国憲法改正草案」は、第一条で「天皇は、日本国の元首であり、日本国及び日本国民統合の象徴であって、その地位は、主権の存する日本国民の総意に基づく」としています。一見すると、さして現行憲法と変わりませんが、明確に「元首」であるとしています。

「元首」とは何かは、学問的にも明確に定義されていません。昭和天皇の死去にさいして日本の「元首」はだれなのかが論じられたことがありますが、諸説あり結論にいたりませんでした。付言しておくと、当時わたしは、あえて「元首」をいうならば、衆議院議長だとマスコミに答えました。なぜならば、日本国憲法第四一条は「国会は国権の最高機関」と定めており、衆議院は参議院に優越する権限を憲法で与えられているからです。ともあれ、国の政治体制に立ち入らずに一般論をいうならば、「元首」とは国民国家を内外にわたって代表する地位といってよいでしょう。

ようするに「自主憲法」制定派には、「象徴」という「漠」とした地位ではなく、天皇を戦前期と同様に「元首」と宣言することによって、政治体制の強化をはかることが意図されているのでしょう。

「憲法九条」こそがターゲット

天皇の元首化は「自主憲法」制定派の意図をまさに象徴するものですが、しかし、かれらがより具体的に問題視するのは、憲法九条だといえます。憲法九条はさきにもみたように、戦争の放棄と国の交戦権を否定しました。日本国憲法が「平和憲法」といわれるゆえんです。そして、旧憲法と現行憲法の章別構成をくらべると、第二章「戦争の放棄」と第八章「地方自治」がまったくあらたに起こされたものです。自民党憲法草案は、「国軍」の設置を明記していま す。このかぎりで日本国憲法の全面的否定です。

考えておきたいのは、こうした憲法の批判とあらたな「自主憲法」の制定が、なぜ、急速に日本政治の重要な争点になったのかであり、その先に何が展望されているかです。

安倍晋三が首相となったのは、二〇〇六年九月です。これは長期にわたった小泉純一郎の政権（二〇〇一年四月―〇六年九月）を引き継ぐものでしたが、この政権は一一か月で退陣しました。直接の理由はかれの体調によるのですが、すでにこの第一次安倍政権は、「美しい国日本」といった情緒的スローガンをかかげ、とりわけ教育における愛国心の涵養（かんよう）を強調しました。

第一次安倍政権の退場、その後の福田・麻生政権、そして二〇〇九年から一二年の民主党政権をへた、二〇一二年一二月の衆院総選挙で自民党は「大勝」し、再び安倍政権の登場となりました（第二次安倍政権）。

第二次安倍政権は、当初より「日本を、取り戻す」を政治スローガンとしてかかげ、「憲法改正」に着手する姿勢を鮮明にします。「日本を、取り戻す」は、だれから何を取り戻すのか、まったく意味不明の日本語です。ただ、意味するところは、第一次安倍政権が「美しい国　日本」とならんで標榜した「戦後レジームからの脱却」と同じだといってよいでしょう。つまり、戦後日本の政治システムは日本の伝統と相いれない。それを理解していないGHQによって形作られた。それどころか、戦勝国は日本を朝鮮半島、中国大陸、東南アジアの国と人民に侵略と陵虐（りょうぎゃく）を繰り返した国として位置づけ、日本と日本人の尊厳を省みようとしなかった。日本はこうした戦勝国が一方的につくったレジーム（枠組み・体制）に甘んじているのではなく、堂々と世界に向けて歩み国家としての威信を取り戻さねばならない。およそ、こうした意味となるのです。

しかし、この「戦後レジームからの脱却」も、矛盾をはらんでいます。「戦後レジーム」とは、自主憲法制定派の論理に従うならば、アメリカによって打ち立てられたものです。安倍政権はのちにも述べるように、従来以上にアメリカとの軍事同盟の強化・アメリカへの従属を指向していますが、現実の政治指向と「戦後レジームからの脱却」は、矛盾もはなはだしいといえます。

ともあれ、安倍政権は当初、正面からの憲法「改正」を打ち出しながらも、それが短期間には難しいとみると、次に憲法九六条の改正手続きの「改正」を訴えました。憲法九六条は、衆参両院議員の三分の二以上の賛成で発議し、国民投票で過半数をえることを改正の要件としています。政権は厳格な憲法改正手続きが「押し付け憲法」を生かしつづけているとして、衆参両院議員の過半数での発議へと修正すべきだとしたのです。しかし、この改正手続きの修正には、「裏口入学」とのきびしい批判が生まれ、いつのまにかうやむやにされ主張されなくなりました。

集団的自衛権の行使と法整備

かわって政権が提起したのは、憲法解釈の変更による集団的自衛権の行使です。これは従来の内閣および内閣法制局の憲法九条解釈を改め、個別的自衛権に加えて集団的自衛権を行使できるようにするものです。つまり、他国との共同軍事行動を展開することができる、とするものです。

安倍政権は二〇一四年五月にこれを閣議決定し、二〇一五年の通常国会に集団的自衛権行使のための関係法律案を提出しました。その結果、九月に武力攻撃事態法改正法、重要影響事態安全確保法、国際平和支援法などが制定されました。武力攻撃事態法は日本の存立が脅かされる事態が生まれたときに海外で武力を使って他国を守る集団的自衛権を行使するものです。重要影響事態安全確保法は、従来の周辺事態法の全文改正ですが、放置すれば日本の平和に重要な影響のある事態に、軍事行動する米軍などに弾薬などを提供して支援するというものです。国際平和支援法は日本の安全には直接の影響はないが、国際平和を脅かす国にたいして軍事行動する他国を物資輸送などで支援するものです。

自衛隊の最高指揮官は首相です。右のような法のいう「日本の存立が脅かされる事態」「日本の平和に重要な影響のある事態」「国際平和を脅かす国」などが、首相・防衛相・自衛隊の軍人幹部によって判断されたのでは、自衛隊の軍事行動は際限なくひろがりかねません。そこで、国際平和支援法の発動には例外なく国会の事前承認が必要とされました。また、武力攻撃事態法改正法、重要影響事態安全確保法には、原則として事前の国会承認が必要だが、例外的に事後承認を認めるとされました。

一見すれば、国会の事前承認という「歯止め」がかかっているかのようにみえます。しかし、日本は議院内閣制の国です。国会内多数派が首相を選出するのですから、この「歯止め」の実効性には疑問がもたれて当然です。それ以上に、戦闘状態にあるアメリカなどを武力で支援することはもとより、武器弾薬の提供や物資の輸送は、交戦中の相手国側からみれば「敵国」となります。わざわざ海外に出ていって日本への武力攻撃を導き出すことに、何の意味があるのでしょうか。次の時代を担う世代ばかりか、全員でこうした政権の行動をまじめに考えるべきでしょう。だれが思いついた名称かわかりませんが、国際平和支援法であるとか積極的平和主義といった「美称」の裏に隠されているのは、軍事力を背景とした覇権（武力や権謀をもって競争者を抑えこむこと）の追求といわねばならないのです。

それだけではなく安倍政権は、武器輸出三原則の廃止、さらには軍事的行動と密接に関係する特定秘密保護法の制定をおこなっています。つまり、日本製の武器（技術を含む）の輸出を大幅に拡大することが決定されたのです。また、政府が裁量で特定秘密を決定し、それを外部に洩らした者（管理する政府職員のみならず民間人を含む）を厳罰に処すものです。何が「秘密」に指定されているのかが「秘密」ですから、政府関係者との交渉や共同事業の一部を外部に語ったばあい、機密漏えい罪に該当しかねません。これは言論の委縮・統制につながりかねません。特定秘密の指定件数だけは公表されていますが、トップは防衛省です。中身が軍事機密であるのは推して知るべしです。

立憲主義の無視

これらは憲法九六条の修正以上の「裏口入学」といわねばならないでしょう。なぜならば、とりわけ集団的自衛権の行使は明らかに憲法九条の修正ですから、内閣の判断による憲法修正はあってはならないのです。自衛隊を「国軍」と位置づけて海外での戦闘行為を可能とすることには、人びとの意見が分かれるかもしれません。しかし、立憲主義を基本とした政治において憲法は政治権力の行動を縛るものです。もし、自衛隊の「国軍」化と海外展開を可能としたいのならば、憲法の改正を必要とします。まったく民主主義にもとづく政治手続を無視しているる、といわざるをえないのです。

こうした自衛隊の強化と日本の軍事力の増強は、すでに一九八〇年代にはじまっています。米ソ冷戦のきびしいなかの一九八二年に成立した中曽根政権（一九八二年一一月―八七年一一月）は、日本を「不沈空母」と呼び、アメリカのR・レーガン政権（一九八一年一月―八九年一月）、韓国のチョン・ドハン政権（全斗煥、一九八〇年八月―八八年二月）との軍事的連係の強化をめざしました。また、それまでの歴代政権が防衛費の抑制のためにもうけてきた防衛予算のGNP一パーセント枠の撤廃を試みました。けれども、この「右翼的」といわれた中曽根政権でさえ、政権としては憲法解釈の変更による集団的自衛権の行使には踏み込まなかったのです。また、おそらく政権がそのような言動をにおわせたならば、野党は当然として与党である自民党内からも反対論が噴出したことでしょう。しかし、いま、自民党内から異論はまったく聞こえてきません。いちじるしい政権政党の劣化であるといわねばならないでしょう。

安倍晋三という政治家

ではなぜ、こうした安倍政権の動きが出てくるのでしょうか。これには多くの要因があるといえます。もっとも直接的には、安倍晋三という政治家の政治信条や、それを育んだ環境によるでしょう。よく知られているように、安倍晋三首相は、岸信介・元首相の孫です。そして、何かと安倍晋三は岸信介の「偉大」さや岸の政治的な信条に言及し、かれを尊敬していることを語ります。

「昭和の巨魁（きょかい）」ともいわれた岸は、戦前期に「革新官僚」といわれたように、軍部とともに国家を頂点とした政治経済体制を築こうとするグループの一員でした。そして日本がつくりあげた満州国の幹部であり、東條英機内閣の商工大臣を務めます。敗戦によってかれも戦犯として巣鴨プリズンに収監されましたが、極東国際軍事裁判にはかけられずに釈放されます。一九五九年に首相となった岸は、日米安保条約の改定を国論の二分するなかで強行しますが、これを「置き土産」として引退しました。岸がゆるぎのない国家権力を重視する国家主義的政治家であったのは否めないでしょう。こうしたことに加えて、戦犯としての経歴や安保条約改定と引き換えに引退せざるをえなかった「屈辱」が、岸本人からなのか周辺からなのかうかがい知れませんが、安倍に伝えられていったのは十分に推測できることです。ただし、岸は「権謀術策」に長けた、ある意味で現実主義者であったともいえます。しかし、安倍は政治家として登場するための戦いや苦労を経験しない三世議員であり、国家主義的・右翼的観念のみを増殖させていったともいえます。

とはいえ、首相の政治信条や経歴のみで、時代の流れを説明してしまうことは間違っているでしょう。政治的な条件や経済社会の変化が、こうした国家主義的な政治リーダーを生み出している、とみなくてはならないのです。

政党の構造を変えた政治改革

政治的な条件として指摘しておきたいのは、衆議院議員選挙制度とそれがもたらしている政治状況です。さきに述べたような政治スキャンダルが続出するなかで政治改革が重要な政治的課題とされました。政治改革議論の細かな論点と改革の政治過程ははぶきますが、このときあげられたのは、まず衆議院選挙制度の改革です。従来の中選挙区（ひとつの選挙区から二名以上の選出）から当選者一名の小選挙区制度に変え、政策を争う政党間競争と政権交代可能な状況をつくらねばならないとされました。また、公金（税金）による政党助成制度をつくり、政党や議員の活動の透明性を確保すべきとされました。同時に「抜け穴ばかり」といわれた政治資金規正法の改正でした。

結果的に一九九四年、衆議院議員の選挙制度は、三〇〇の小選挙区と定数二〇〇の比例代表（当初）からなる小選挙区・比例代表並立型に改められました。政党助成法も制定され国民一人当たり二五〇円が、各政党の議員数に応じて国庫から配分されることになりました（共産党は当初より受け取らず）。「抜け穴」が埋まったかどうかはともあれ、政治資金規正法も改正されました。

さて、小選挙区・比例代表並立型選挙制度による最初の衆院総選挙は、一九九六年一〇月におこなわれました。すでに二〇年近い時間が過ぎていますが、この選挙制度はしだいに政党政治のみならず政党の構造を変えてきました。当初より危惧されていたように、小選挙区の当選者は一人ですから、極端にいえば五一対四九の得票割合で当選者が決まり、多くの「死票」が出ます。そればかりか、政権党はAからBへ、BからAへと極端な揺れをしめすことになります。この揺れの大きさは政権党のリーダーの失敗や逆に反対党のアジテーションの結果で起こりますが、とりわけ、政権を奪取しようとする反対党は、その時々の経済社会状況や国際環境をとらえて「極端」ともいえる政策をアピールし、政権党との違いを際立たせようとしがちです。

一九九四年の政治改革が政党の組織にもたらした特徴は、政党本部の権力が強まったことです。それはひとつには政党中央の立候補者への公認権が強化されたことです。小選挙区ですから当然ですが、各政党ともに公認候補は一人です。議員の二世・三世が公認されることも少なくありませんが、「〇〇チルドレン」と揶揄（やゆ）されるように、政党中央が政治家としての経験をほとんどもたない、集票のみをねらった公認候補を擁立することも少なくありません。そして、もうひとつの特徴は、政党中央が政党助成法による資金を、公認候補に配分していることです。議員個人の後援会とは別に、〇〇党△△県第×選挙区支部といった看板を議員の事務所にみることがあるでしょう。タテマエとしては選挙区支部組織への政党助成法による資金の配分なのですが、支部長は現職議員ないし公認立候補予定者ですから、実質的には議員ないし公認立候補予定者の政治活動資金となります。

巨大政党である自民党から「活力」が失われているとの論評がしばしば展開されます。実際、かりに中選挙区時代に集団的自衛権などが党内の一部勢力から提起されたならば、百家争鳴の議論が展開されたでしょう。しかし、現実には個々の議員が内面でどのように考えているかはともかく、憲法「改正」問題や集団的自衛権の行使についての議論はまったく低調です。ただただトップリーダーの言動に「翼賛」しているようにみえます。当然、こうなると、政権党のなかでもトップリーダーの進める政治の方向を積極的に支持する集団が現れてくるし、かれらが政権の内部や政権党の要職をしめるようになります。そして、ますます政治の発するメッセージは、一色に染まっていくことになります。

こうした政治を生み出している基本的な要因は、「政権党の議員でありつづけたい」という深層心理のもとで、党中央に異論を提起する行動が抑制されているからなのです。これは議論を戦わせ合意をつくり出す政治という活動の形骸化あるいは空洞化であり、政治の危機なのです。

格差の拡大と民族主義の共鳴盤

しかし同時に、社会的にもこうした政権の動向にたいする共鳴盤が存在しているといわねばならないでしょう。日本の経済社会は二一世紀に入っても低迷がつづきました。しかも新自由主義的経済運営が一段と強まることによって、階層間の経済格差がひろがっていきました。具体的には正規就労と非正規就労者の格差、生活保護世帯の増加、実際には生活保護の基準さえ下回る収入の一人親世帯（主として女性）の増加など、雇用の形態は不安定さを増していったのです。日比谷公園にホームレスの人びとを援助するＮＰＯやボランティア、弁護士らによってテント村（年越し派遣村）がつくられたのは、二〇〇八年の年末のことです。

このような状況が深まると社会的には、「強い政治」「強い政治リーダー」をもとめ、かれらを支援することによって、自己の社会的存在に意義を見出そうとする人びとが現れがちになります。しかし、それは「虚構」なのです。対外的に「強い政治」が国民の心をくすぐるかもしれませんが、そのような政治は、国内の不平等の解消や人間としての尊厳の重視に立ち向かうものではないのです。あとの章でも述べますから一例だけをあげておきます。労働者派遣法が「改正」され、企業は三年の派遣期間の切れた労働者を代えさえすれば、その職をいつまでも派遣労働で埋めることができます。企業にとっては賃金ばかりか雇用人員の調整など利益の大

日比谷公園にできたテント村　2008年の大晦日からハローワークが仕事を始める翌年1月5日までもうけられた　東京都千代田区（写真・利根川恵介氏）

きい雇用形態でしょうが、労働者の生活は不安定の一途とならざるをえません。

「強い政治」願望は、また、自らよりも「下の階層」を侮蔑することによって、自己の存在の優位さをしめそうとしがちです。その向かう先の一例は、在日韓国・朝鮮の人びとにたいするヘイトスピーチです。日本の過去の植民地経営は、韓国・朝鮮の人びとを蔑むものでした。公的に朝鮮語の使用を禁止したばかりか、氏名を日本人的に改姓させたのです（創氏改名）。そしてまた、かれらを強制的に徴用し、炭鉱をはじめとする鉱山などで働かせたのです。ヘイトスピーチを繰り返す集団は、人間の尊厳について考えることなく、戦前期と同様に韓国・朝鮮の人びとを蔑み、「日本人」なるものの優位性を声高に叫んでいます。

強い政治への願望そして特定の在日外国人への侮蔑は、偏狭なナショナリズム（民族主義）に結び付きがちです。そこへもってきて中国との関係の悪化は、戦前期の日本の行為にまでさかのぼって、激しさを増すことになりました。これには歴史教科書問題、尖閣諸島の領有権問題などが複雑にからみあっています。中国の軍備増強に対抗するとして、憲法九条の見直し、そしてさきにみたような集団的自衛権の行使を可能とする法体制の整備へと政治の動きをうながしたのです。明らかに安倍政権のもとで日本の保守政治は変容しつつあるといってよいでしょう。第二次大戦前の日本への回帰指向が濃厚という意味では、「保守政治」というより「右翼政治」という評価も否定できないでしょう。

社会にひろがる政治への同調

ところで、政権の動きが国家主義の色彩を強めるにしたがって、ほんらい地域の住民の政府である自治体にも、これに同調する動きがみられるようになってきました。

安倍政権が国家主義的言説と行動を重ねようとも、市民のすべてがそれに同調しているわけではありません。一部の政治勢力がいかに戦後民主主義の「誤り」を強調しようとも、人間の尊厳や言論の自由、国際平和を追求していこうとする人びとが姿を消してしまったわけではないのです。ですから、地域社会では政治の動向に対抗する市民運動が各地で展開されています。

ところが、そのような運動を抑制しようとする自治体の動きが目立っています。「梅雨空に「九条守れ」の女性デモ」という、さいたま市の女性の詠んだ俳句が、公民館の月報への掲載を拒否された事件があります。市の教育委員会・公民館は「政治的」であるとの理由をあげています。「憲法を考える」といった趣旨の集会に公的施設の貸し出しを「政治的集会」として拒否する事態も続出しています。また群馬県は都市公園内につくられた、第二次大戦中に強制連行・就労させられた韓国・朝鮮人の慰霊碑について、そこでおこなわれている慰霊祭が「政治的」であるとの理由で、慰霊碑の撤去をもとめました。

「政治的」という理由こそ、まさに「政治的」といわざるをえないでしょう。つまり、右のような俳句が「政治的」というのは、「九条を守れ」ということが時代に不適合という政治的な価値判断にもとづくか、あるいはこうした内容の俳句を自治体の発行誌に掲載することで、他者から批判されることに脅えているか、そのどちらかでしょう。集会施設の貸し出し拒否や慰霊碑の撤去要請も同じ思考です。しかし、いずれの理由であれ、時代の流れへの「過剰同調」です。そのような動きが強まっていくならば、社会から自由な言論・集会・芸術的活動が失われていき、刺々しい暮らしづらい時代となってしまいます。

次の時代をささえていく若い人たちには、暗い話がつづいたと思えるでしょう。毎日のルーティーン化した学業や仕事をこなし、息抜きに趣味や遊びを楽しむのが、わたしたちの日常です。そうした日々のなかで政治の動きにたえず関心をもちつづけるのは、簡単なことではありません。ある意味で、政治の話は小難しく鬱陶しくなるのも事実です。とはいえ、政治の変化は、絵の具を混ぜ合わせると別の色ができるように、即、眼にみえるかたちをとるわけではありません。少し時間が経ってみると、あのときがターニング・ポイントだった、こんなはずではなかった、と思うことも多いのです。それだけに、選挙権年齢が一八歳に引き下げられた今日、言論・集会・表現の自由を最大限に尊重しつつ、生活の場から政治を見詰めていくことが大切だといえます。

政治をどのように変えていくべきなのかは、このあとにつづく章をふまえて最後にもう一度考えることにします。まず、ここで言っておきたいのは、政治の言葉を吟味する思考を身につけるように努めることだといえます。少し難しくいえば「批判精神をもって」となるのですが、政治の言葉に隠された意味を見出すことによって、はじめて、政治の改革が動き出すといえます。

Ⅱ章　経済はだれのためにあるのだろうか

1　地方創生は、地域間の格差に応えるものだろうか

地方「消滅」の衝撃

二〇一四年五月、日本創成会議という企業人や労働組合幹部、学者などでつくる政策提言集団が、二〇四〇年には全国の約半数の自治体におよぶ八九六市区町村の存立がむずかしくなるとの報告をまとめ公表しました。これは「消滅可能性自治体」の予測として、社会に大きな衝撃をあたえました。

具体的に名前をあげられた自治体は、いわゆる過疎地ばかりではありません。繁栄しているようにみえる東京の特別区（豊島区）も含まれています。突然の訃報にも似た「消滅宣言」に、それぞれの自治体が困惑したのはいうまでもありません。東京都青ヶ島村が人口一六〇人余で生きつづけていることを思うならば、「自治体の消滅」とは何を意味するのか、日本創成会議は明確な定義をくだしているわけではありません。そしてまた、こうした報告を公表した「真意」がどこにあるのか、もうひとつはっきりしません。ただし、のちに述べるように「消滅」

の危険があるとする八九六自治体を、すべて救うことを意味しているわけではないようです。

日本創成会議の報告と安倍政権がどのような関係をもっているのかは、外部からは判然としません。とはいえ、安倍政権は二〇一四年九月の内閣改造にあたって「地方創生」を重要政治課題だとして、石破茂（当時・自民党幹事長）を地方創生担当大臣に任命しました。また首相を本部長とする「まち・ひと・しごと創生本部」をもうけました。そして一二月には「まち・ひと・しごと創生総合戦略」（二〇一五から一九年度の政策目標・施策）を策定するとともに、自治体に「地方版総合戦略」を二〇一五年度中に策定するようにもとめました。

国立社会保障・人口問題研究所の推計によれば、日本の総人口は二〇一〇年に一億二八〇〇万人だったが、二〇五〇年に九七〇〇万人、二一〇〇年に四九五〇万人に減少するとされます。安倍政権は「まち・ひと・しごと創生総合戦略」とならんで、二〇六〇年に一億人程度の人口の確保が中期目標だとしています。これに応じた「地方創生総合戦略」なのでしょう。ただし、この総合戦略にかかげられた政策目標と施策は、雇用の創出、女性の働きやすい条件の整備、農林水産業の産業化、企業の本社機能の地方移転、自県の大学への進学率の向上など、まさによくいえば「総合的」、少し皮肉をいえば「総花的」であって、少なくとも政策目標・施策というかぎりでは、これまで長いことかかげられてきたものばかりであり、また自治体が総合計画などで目標としてきたものです。

新鮮味のない政策・施策なのですが、実現の方法・手段についての考え方をよくみると、政権の特徴が出ています。

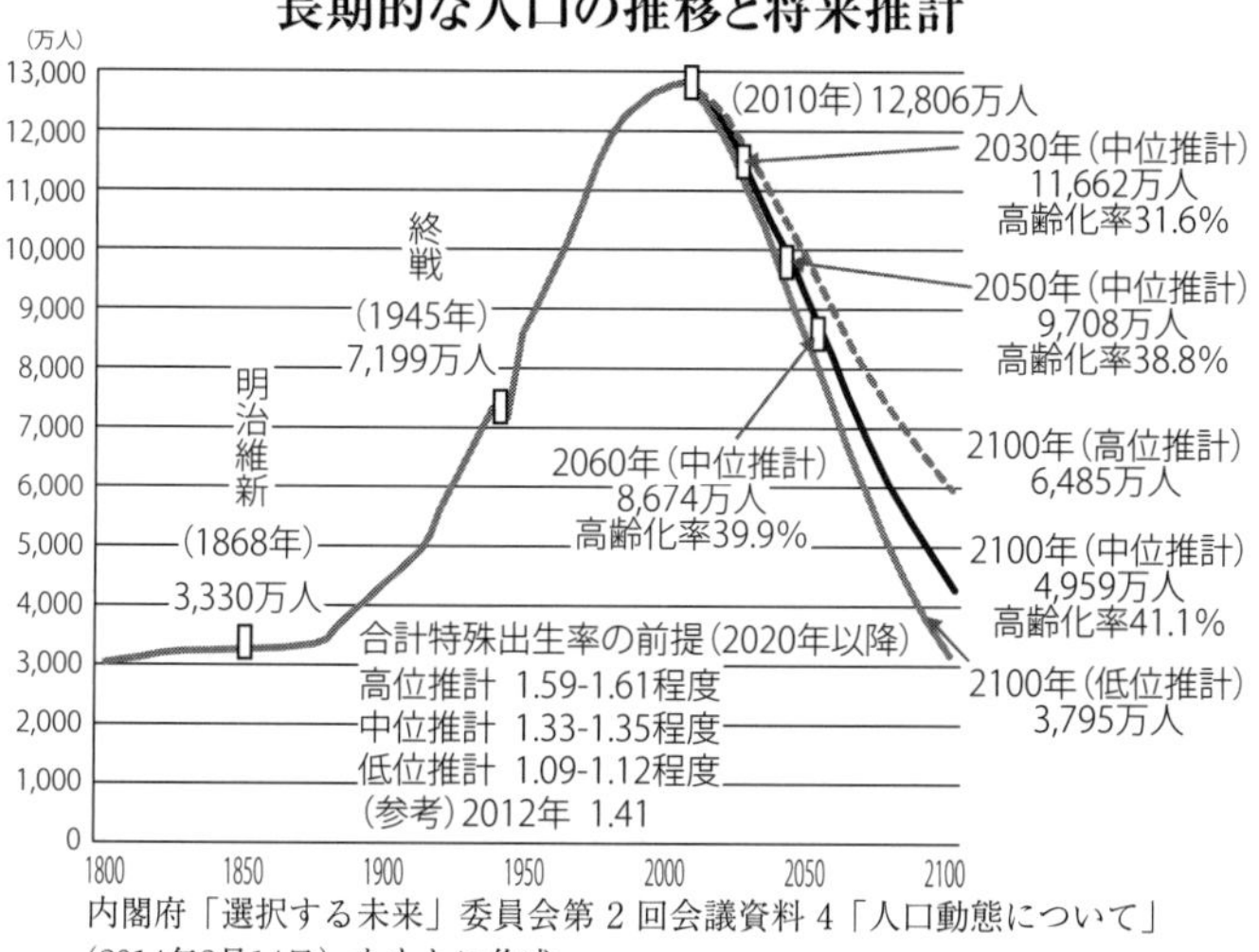

内閣府「選択する未来」委員会第2回会議資料4「人口動態について」(2014年2月14日)をもとに作成。

「選択と集中」の意味するもの

政治の世界で「選択と集中」という言葉がさかんに使われるようになったのは、二〇〇一年に成立した小泉純一郎の政権からであるといってよいでしょう。この政権の経済・財政政策を彩ったのは新自由主義でした。つまり、市場の競争こそが経済社会を発展させるとして、政府による市場への規制を緩和していこうとするものです。こうした思考を基本的な背景として、政府の民間への投資や民間企業の投資は、もっとも効果が高いと想定できる分野・対象を選択し、そこへ集中させるべきだ、となるのです。したがって、採算の合わない非効率な産業分野や財政効率の悪い行政分野は「切り捨て」られることになります。ここには「公共性」なるものへの熟慮は、おのずと衰退します。ひとつの典型例は、公共交通とりわけ過疎地域のそれであるといってよいでしょう。バスや鉄道は経営の採算のみを考えれば、まさに「不要」あるいは「無用の長物」でしょうが、「移動の権利」「足の自由」を採算のみで奪うことが、はたして妥当でしょうか。

「選択と集中」は、言葉の一般化とともに、かならずしも経済原則のみについての思考ではなくなり、政治が「不要」と判断するものを切り捨てる論理として使われるようになっています。次の章でくわしくは述べますが、経済の成長に「貢献」しない大学の人文・社会科学系分野や理系の基礎研究分野の整理にも、この「選択と集中」が使われています。

安倍政権は前の章で述べたように国家主義を鮮明にしています。しかし、それとならんで小泉政権にも増して新自由主義・市場原理主義を追求しています。身近なところでいえば、労働者派遣法の「改正」などは典型ですが、医療サービスへの混合診療、「国家戦略特区」なるものをもうけて、大胆な経済規制の緩和などが進められています。

地方創生も「選択と集中」

活気にあふれた地域をつくることを不必要という者などいません。けれども、政府の地方創生総合戦略は、自治体に政府がかかげたメニューにのっとった地方版の計画を策定せよといっているだけではないのです。この計画と実績の出来・不出来を政府が評価し、交付金などの額の算定に反映させるとしています。いい換えると自治体間の競争を促進させようということですが、中央政府がそれを評価することで、自治体は中央の覚えめでたい計画の策定に躍起になるでしょう。しかし、そうなればなるほど、地域を見詰めつつ独創的なまちづくりをおこなおうとする、地域からの「内発的」な知恵による発展は阻害されてしまいます。

政府は自治体の地方創生を援助するために、若手官僚を「地方創生コンシェルジュ」として派遣するとしました。「情けない」ことにそれに飛びつき受け入れた自治体も少なくありません。国家公務員採用I種試験（現・総合職試験）に合格し各省に採用されたエリート候補官僚が、学業・知見などで「優秀」であるのは否めないでしょう。とはいえ、かれらはまちづくり・むらおこしのトレーニングを受けてきたわけではないし、現場の実態を知っているわけでもないのです。そもそも、国家公務員のエリート職への志望動機は、大半のばあい、まちおこしの現場に身を埋めることなどにはないといってよいのです。受け入れを決めた首長などは、自らのもとの職員や住民の知恵と能力を信頼していないのでしょうか。あるいは中央官僚を受け入れることによって、何らかの有利な取り計らいを受けようと期待しているのでしょうか。いずれにしても、中央に主導された競争は、画一的なメニューによる「地方創生」とならざるをえないのであって、現状にたいする斬新な打開策からはほど遠いものとなるのはいうまでもないのです。安倍政権のいう地方創生戦略は、じつはこうした競争で中央への吸引力を高めようとするものであっても、地域を等しく扱おうとするものではないといえます。

政府の地方創生総合戦略が政策目標や施策のメニューをしめす一方で、地方創生特区、地方中枢拠点都市、高次地方連合都市といった構想が打ち出されています。そして、さきにみた日本創成会議はより積極的に人口減少というきびしい条件下では、もっとも有効な対象を選別し重点的投資をする必要があるとして、広域ブロック単位の「地方中核都市」に重点をおく必要があるとしています。これらはいずれも「選択と集中」の重視なのであり、衰退する地域の「切り捨て」に等しいといわねばならないでしょう。

この「選択と集中」をささえているのは、「人口ダム」論です。つまり、地方に拠点となる経済的機能を集積した都市をつくることによって、東京圏をはじめとした大都市圏への人口流出を防ぐというものです。日本創成会議もそのような提言を繰りひろげています。一見すると

「なるほど」と思う考えです。けれども、ここには隠されている問題があります。「人口ダム」としての機能をもつ都市の後背地域は、いったい、どうなるのでしょうか。人口の流出を防ぐためのダムといいますが、この「中核都市」には後背地からの人口の流入が起こるでしょう。結局、この国の国土にいくつかの経済的に繁栄する「中核都市」ができるならば、後背地は流れに任せればよいとならざるをえません。新自由主義者たちの「地方創生」の本音がすけてみえるというものです。

加えて、日本創成会議と安倍政権は、二〇一五年に入って高齢者の地方移住を打ち出しています。政権の方は東京などの大都市からの人口移住の一環との「タテマエ」を崩していませんが、政府の「別働隊」ともいってよい日本創成会議は、より露骨に高齢者の地方移住の必要性を語っています。つまり、東京都をはじめとする大都市には介護を要する高齢者のための施設建設の余地がかぎられている。したがって、地方に特別養護老人ホームなどの高齢者介護施設をつくり、そこでケアすべきだ。何という新自由主義路線なのでしょうか。労働力として「役立たない」のはもとより、経済的コストばかりがかかる要介護高齢者を、地方に「追いやるべし」といっているのに等しいのではないでしょうか。

一九九〇年代初頭以降、日本の高齢者のみならず障害者福祉の基調とされてきたのは、それまでの施設収容型福祉から住み慣れた地域でケアする地域福祉への転換です。実態として、それが中央や自治体の政策・事業で実を結んでいるかとなれば、まだまだといわねばならないでしょう。ただし、住み慣れた地域を「終の棲家」として、そのためのシステムをつくることが重視されてきたのであり、それは人間の尊厳を大事にしていく優れた思考の転換といってよいのです。さすがにこれには地方の自治体の首長からも「現代の姥捨て山」をつくる気かという批判が出ています。東京などの大都市における地域福祉のシステムが脆弱ならば、その充実をもとめるのが人間の生活を重視すべき政治のはずです。

政権がいかに「地方を大切にする」「地方に活気をもたらす地方創生」といっても、政権が基本としている新自由主義もっといえば市場原理主義とは別の次元に、地方再生戦略はありえないでしょう。地域の政治や行政のリーダーが、政権のいう「地方創生」に安易に同調するならば、地域間の格差はより一層ひろがりをみるどころか、それこそ「地方消滅」につながるといってよいでしょう。その意味で前の章でも述べたように、政治の語る言葉の意味を吟味しなくてはならないのです。同時に、人びとが安らぎと生活の豊かさを実感できる地域をつくるためには、何が問われているのか。人間の尊厳と生活を重視した政治と経済はどうあるべきなのかを、考えなくてはならないといえます。

2　経済成長至上主義の裏で進むもの

根強い成長信仰

政権のいう「地方創生」が過疎や人口減少に苦悩する地域をほんとうにささえていこうとするものかどうかには、大いに疑問がもたれるのですが、一八〇〇近い自治体のほとんどが「地方版総合戦略」の策定に大わらわとなっているのが現実です。

また、原発は九州電力川内原発をのぞいてすべてが運転を停止している（二〇一五年一二月現在）けれども、再稼働をもとめる動きは保守政界や経済界のみではなく、原発立地自治体からも生まれています。このまま原発が動かないならば、地域の経済は衰退の一途を辿ってしまうとされます。たしかに、原発の動いていたとき、立地自治体には原発の維持管理に関係する多くの地元企業が生まれました。また作業員らの宿泊施設も繁盛していました。これに加えて、立地自治体には政府から多額の交付金が配分され、それにもとづく公共事業などが展開されたのも事実です。「原発は明るい未来をつくるエネルギー」といった標語は、日本全体のことをさしていただけでなく、地元の経済発展——出稼ぎによらない雇用の口、現金収入の増加など

――を意味していたといえます。とはいえ、あれだけの被害を出し、いまなお将来展望のみえない福島の事故を思うならば、原発に依存した地域経済をもとめることは、妥当なのでしょうか。

この国には「経済は成長せねばならない」「国の富みは増加せねばならない」という考え（観念）が、きわめて強いようにみえます。若い人びとには、当然のこと高度経済成長期の記憶はありません。第二次大戦の敗戦後の日本は、絶対的窮乏化が叫ばれたように、まさにナイナイづくしの社会でした。戦後復興から高度経済成長は、たしかにこの状況を一変させました。六〇年代末にはアメリカに次いで二位となり達成されたといえます。市民生活のレベルでも衣食住の改善が進みました。「ウサギ小屋」と揶揄されながらも、住居は近代化され、電化製品が一挙に普及していきました。いわば、マクロのレベルの「国富の増大」は、市民の生活にも滴り落ちたのです。

とはいえ、それは人口構成が若年層の厚い時代であり、同時に国際的にも一国主義的発展が可能な時代だったからです。高齢化の進行と国際政治経済の激動がそのまま波及する現代には、年率一〇パーセントもの経済成長は、およそ期待すべくもないといえます。にもかかわらず、政権は経済成長を「錦の御旗」のごとく振りかざし、それに同調する社会の声にも強いものがあります。高度経済成長がふたたび可能であるかのような「幻影」にとらわれているといってもよいでしょう。ひとはだれでも生活の「豊かさ」を望みます。しかし、「豊かさ」の中身を吟味し、それを実現するシステムを創ることこそが、問われているのです。ところが、安倍政権の進める経済政策には、こうした思考はまったく抜け落ちているようにみえます。

「アベノミクス」の三本の矢

第二次安倍政権は成立とともに国家主義的な政治の運営とならんで、民主党政権下の経済停滞を批判し、いわゆるアベノミクスといわれる「成長戦略」を打ち出しました。これは「三本の矢」からなると説明されました。第一の矢は金融政策です。「異次元緩和」「非伝統的金融緩和」と呼ばれているこれは、日本銀行の市中銀行への貸出金利（公定歩合）をゼロに維持するとともに、長期国債の大量引き受けによって通貨供給量をかつてないほどに大幅に増やそうとするものです。政権によって任命された黒田東彦（はるひこ）日銀総裁や岩田規久男副総裁らは、日銀が大量の通貨を供給しつづければ人びとは物価が上がると考え（インフレの進行）、実質金利が下がる、それは企業の設備投資の増加をうながし景気を浮揚させる、と主張しています。第二の矢は、伝統的な自民党政治ともいえるものですが、巨額の公共事業によって設備投資をうながすとともに、地方の経済の活性化をはかるとするものです。そして第三の矢は、徹底した政府規制の緩和によって市場経済の発展をはかるというものです。

円の大量供給の結果

こうしたアベノミクスといわれる経済政策には、さまざまな評価があります。マスコミの多くは第一の矢の結果、通貨の大量供給によって円安が進み、自動車産業などを中心とする一部の輸出産業が好調を回復し、株価の上昇をもたらしているとして、政権の政策を高く評価しています。

しかし、伊東光晴は、円安・株価の上昇は第一の矢とは何の関係もないと、事実をあげて論じています（『アベノミクス批判　四本の矢を折る』岩波書店）。そもそも円の大量供給は、かつての時代ならば、円を売ってドルなどの外国通貨に替え利ざやを稼ぐ――その意味で円安が導き出されますが、アメリカもEUもゼロ金利政策をとっているから、円を売る動機が存在しないわけです。円安は明らかに財務省の為替相場の操作によるのです。株価の上昇は、すでに安倍政権の前から進行しており、日本株を買っているのは外国のファンドであって、しかもコンピューターを用いて一〇〇〇分の一秒の速さで売り買いがされているわけです。また、日銀の黒田総裁らは円の大量供給はインフレへの期待をもたらし、設備投資に向かうというけれども、日銀が購入した銀行や生命保険会社などの長期国債の売却額は、日銀の当座預金口座にためられていて、製造業などの設備投資資金として融資されていないとされます。

アベノミクスの第二、第三の矢については、のちに述べることにしますが、伊東光晴の指摘は、まさに正しいといえるでしょう。しかし、原因は別として現象として円安の進行、株価の上昇はつづいています。そして、製造業を中心とした大企業の賃金・ボーナスも改善しています。政権とマスコミは、日本経済は回復基調に入ったと強調しています。

ある意味で当然のことですが、一ドル＝八〇円から一二〇円になれば、外国で市場価格三万ドルの製品の輸出価格は二四〇万円から三六〇万円になります。製造業の大手が高収益を謳歌することになります。しかし、円安は市民生活にはデメリットが多い。輸入にたよる生活必需品が軒並み値上がりしているのは、だれでも知っています。

ところが、安倍政権は二〇一四年一二月に、こうした輸出産業の好況のみを強調することに加えて、二〇一五年一〇月に予定されていた消費税率の一〇パーセントへの引き上げ延期の是非を問うとして衆議院を解散し総選挙に打って出ました。結果は、自民・公明で三二六議席、野党は全体で一四九議席となり、連立政権側の圧勝でした。

ただ、ここで少しこの章の文脈とは外れますが、述べておかねばならないことがあります。消費税法は消費税率の引き上げ時期の先送りは、あえて総選挙で問うようなものでしょうか。消費税法は二〇一四年四月から税率八パーセント、一五年一〇月から一〇パーセントとのプログラムを定めています。税率引き上げをあらたにおこなうならば、総選挙で民意を問うのもひとつの方法でしょう。しかしたんなる延期であり、これは国会の審議で十分なはずです。しかも、政権はこの総選挙時前から国政の重要課題としてきた集団的自衛権の行使について、ほとんど何事も語らなかったのです。税率引き上げの延期というだれも反対しない「公約」をかかげた総選挙実施のほんとうの意図がどこにあったのかは、いうまでもないでしょう。

こうした問題点をはらむ総選挙でしたが、この結果は、この国にいかに「経済成長」の追求指向が強いかを見せつけたといってよいでしょう。政治は「成長戦略」との言葉でかぎりない成長をアピールしています。貧困状態に陥ってもよいなどという政治はありえません。しかし、「投機経済」にささえられているような経済的好況の「裏面」で進む問題状況を、みなくてはならないでしょう。

公共投資と借金財政

安倍政権のかかげる経済政策の「第二の矢」は、巨額の公共投資を実施することです。それは「第一の矢」と表裏の関係にあります。

さきに述べたように、公共事業の大規模実施は日本型政治システムへの回帰といえるでしょう。自民党全盛時代の公共事業は、一般会計予算だけでも年に一〇兆円近くが計上されました。道路、治山・治水、農業基盤などの分野で、大規模な公共事業が実施されたのです。しかし、この大規模な公共事業予算は、中央政府の直轄事業としておこなわれたわけではありません。大半は自治体にたいする補助事業です。しかも、中央政府の公共事業費の多くは、「建設国債」と呼ばれる国債の発行によってまかなわれてきました。

ところで、日本の財政法は戦前期の国債（戦費調達のための国債・戦時国債）の乱発への反省にたって、政府が借金をすることをきびしく制限しています。財政法第四条第一項は、「国の歳出は、公債又は借入金以外の歳入を以て、その財源としなければならない。但し、公共事業費、出資金及び貸付金の財源については、国会の議決を経た範囲内で、公債を発行し又は借入金をなすことができる」としています。公共事業費の財源はこの財政法四条第一項の但し書を法的根拠としています。公共事業費に公債の発行が認められているのは、理論的にいうと公共事業で整備された施設などが、多世代にわたって利用可能であり、長期にわたって国債の返済をおこなうことで世代間の負担の平等をはかるためです。しかし、現実の政治ではこうしたことはほとんど省みられず、「打ち出の小槌」のようにとらえられてきました。いうまでもないでしょうが、「無秩序」な建設公債の発行は、国の借金の増大につながります。

それだけでなく、じつは大規模な公共事業は自治体の財政も圧迫します。国の公共事業はほとんどが自治体への補助事業であり、実施の主体は自治体です。補助率は事業によって違いがありますが、三分の一程度がふつうです。したがって、行政の言葉で「補助裏」といいますが、事業費の三分の二は自治体側の負担です。そして、この自治体の負担をやわらげるために、国は地方債（自治体の発行する公債）による財源の調達を認めてきました。そうでないと、事業官庁は予算を消化できないし、自治体もまた補助金を使って建設事業ができないわけです。政治と行政の双方にメリットがあるわけですから、このシステムの改革は容易ではありません。

こうした公共事業に伴う国債の発行に加えて、日本では人件費や扶助費のような経常経費にあてる「赤字国債」の発行が常態となっています。さきにも引用したように、財政法第四条は、経常経費にあてる国債の発行を認めていません。そこで政府は毎年度の予算に合わせて財政法の特例法を国会に提出し、それを根拠として経常経費にあてる「赤字公債」を発行しているのです。財政法の特例法によるから「特例公債」ともいわれます。

さて、これらの国債の累積がいかに莫大かは、図のとおりです。いまや一般会計の国債残高だけでも八〇〇兆円を超えているのです。国民ひとりあたりにすると約六三八万円になります。国債はいうまでもなく借金ですから返済せねばなりません。国債返済の元利合計金（国債費）は、二〇一五年度当初予算でいうと二三兆四五〇七億円余であり、歳出総額の二四・三パーセントを占めています。つまり、歳出総額の約四分の一が借金の返済のための支出です。この一方で、約九六兆円余の歳出を確保するために約四五兆円の借金（国債の発行）を予定しています。

世の中に「自転車操業」という言葉があります。支出を確保するために借金を重ね、他方で借金をもって借金を返済していく、そんな状態を皮肉った言葉です。国の財政はこれに等しいともいえます。ともあれ、一年間の支出に占める借金返済額が増えるならば、政策や事業にあてる財源は乏しくなります。財政の弾力性が失われていくわけです。ふつうに将来世代のことを考えるならば、こんな財政運営は徹底して見直されなくてはならないはずです。

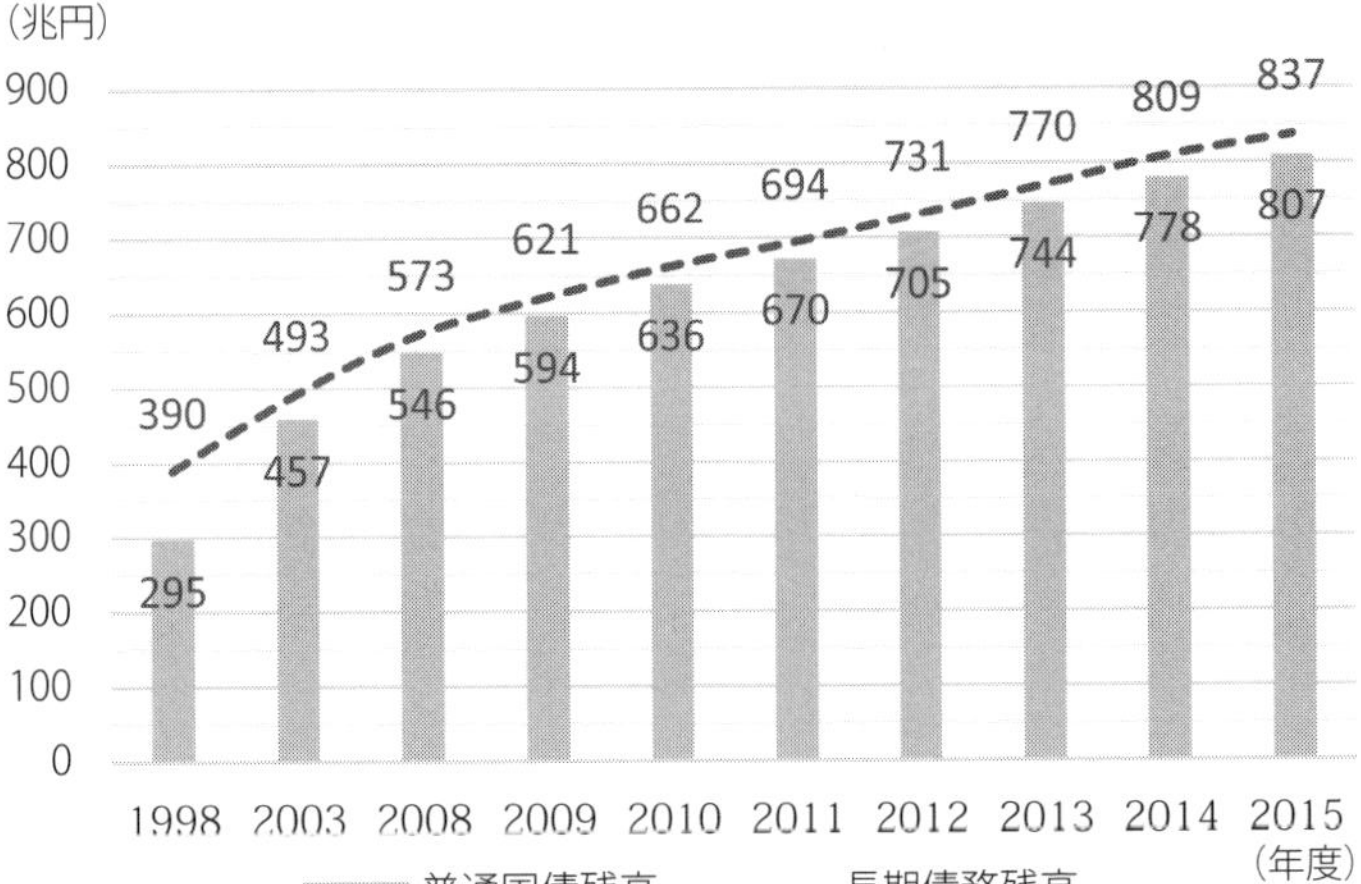

財務省『我が国の財政事情』（2015年1月）「（5）国及び地方の長期債務残高」にもとづいて作成。2014年度末は実績見込み、2015年度末は政府案による見込み。

第二の矢を補完する第一の矢

ところで、さきにアベノミクスなるものの第一の矢と第二の矢は表裏の関係にあるといいました。財政法第五条は、「すべて、公債の発行については、日本銀行にこれを引き受けさせ、又、借入金の借入については、日本銀行からこれを借り入れてはならない。ただし、特別の事理があるばあいにおいて、国会の議決を経た金額の範囲内では、この限りでない」としています。この規定も先の財政法第四条と同じ戦時財政の反省によるものです。安倍政権のもとの黒田東彦ひきいる日銀は、「異次元緩和」として円の大量供給を打ち出していますが、その手段のひとつが長期国債の日銀による大量購入です。これは財政法第五条の禁じている日銀による直接の国債引き受けではありません。けれども、いったん金融市場を経由しているとはいえ、事実上、日銀引き受けであるといってよいのです。

こうしたカラクリがあるからこそ、政権はきびしい財政状態にあるにもかかわらず、経済成長のための「第二の矢」として、公共事業の大規模な実施をいうことができるのです。自民党は野党時代に国土強靭化基本法案をまとめ、政権復帰後にそれを成立させました。そして政府は国土強靭化のために一〇年間に二〇〇兆円を投下するとしました。年度あたり二〇兆円ですから、いくら日銀が国債を引き受けても、現実には不可能であるといってよいのです。そういう意味では「大風呂敷」をひろげただけのようにみえるのですが、じつはそうではありません。そもそも、東日本大震災の惨状を考えれば、だれも「国土強靭化」を否定する人間はいないでしょう。ですから、「国土強靭化」をかかげることによって、政治的には財政当局の反発を抑え込むことができるし、年度あたり二〇兆円とはいわないまでも、巨額の公共投資が可能となるのです。政治家とくに自民党政治家は、かつてと同様に地元に公共事業補助金を運ぶことで票をえることができます。また、ゼネコンへの大規模工事発注に影響力を発揮し、政治資金をえることも可能です。

地方を豊かにしない公共事業

しかし、政治はそんな露骨なことを表には出しません。「国土強靭化」に加えて地方の経済が活性化し、人びとの生活が潤うと「美辞麗句」を繰り返します。ほんとうにそうでしょうか。巨額の公共事業を推進する政治からすっぽり抜け落ちているのは、「美辞麗句」とはまったく逆に、地方の経済であり人びとの生活だといわねばならないでしょう。問題の根幹は、公共事業の実施構造なのです。

公共事業の実施は元請けのゼネコンから二次・三次・四次の下請け・孫請け・ひ孫請けといったようなピラミッドを下降するかたちでなされます。当然、各段階では管理費の名目でリベートのような利益が差し引かれ、末端事業者による事業の実施となります。これでは地元業者の利益がますます減少するとされ、ゼネコンと地元業者の「大手」とのジョイントベンチャー（合弁事業）方式が導入されているものの、末端事業者からみれば実態に大きな変化は生まれないのです。ですから末端小規模事業者の廃業・転業も進みましたし、末端の土木事業労働者の賃金も低く抑えられてきたのです。大規模公共事業の実施による景気浮揚や東京オリンピックのための大規模施設の建設がいわれますが、土木関連の人手が足らないというニュースが流れます。それはまさに、こうした公共事業の実施構造がもたらしたものといえます。

そもそも、巨視的にみれば大規模公共事業は生産誘発効果をもつでしょう。けれども、地方の持続的な経済発展を可能とするものではありません。繰り返すまでもなく、事業実施期間中には労賃という現金収入が地域住民にもたらされても、住民を持続的に雇用する企業は生まれようがないのです。加えて、住民にもっとも身近な自治体の財政が疲弊していくならば、住民の生活基盤そのものが崩壊しかねないのです。

さきに述べた「地域創生」も同じことですが、集権的に事業を作成しそれを地方に実施させるならば、地域の再生や発展に結び付くとは、何とも「知恵」のない話です。何十年とまったく変わらない思考です。いかに実績と現実をみていないかを証明するものといわざるをえないでしょう。地域の経済の持続的な発展には、地域のなかから湧き上がるエネルギーが必要です。この国にそのようなエネルギーがないのではなく、それを抑え込んできたことが、日本近代の歩みといえます。では、どのような代替の道があるのか。それについては最終章で総括的に考えることにしましょう。その前に、これまた「知恵」のない話ですが、第三の矢という規制緩和が進めば景気がよくなるとの言説が、どのような問題状況をもたらしているかを、労働規制の緩和からみておくことにしましょう。

3　「豊かさのなかの貧困」を加速する政治

相対的貧困率の上昇

二〇一二年の厚生労働省の相対的貧困率調査は、日本は一人世帯のばあい「六人に一人が年収一二五万円未満」であるとしました。日本の貧困問題は第二次大戦の敗戦後きわめて深刻でした。しかし、その後の経済成長の結果、国民の貧困問題は相対的に解決されたといえます。「一億総中流」という言葉がさかんに使われたのも、一九七〇年代から八〇年代です。

ところが、いわゆる「バブル経済」の破綻後の一九九〇年代には、企業の雇用調整＝リストラや非正規就労者の増加によって所得格差がひろがっていったのです。日本は「経済大国」だと政権や経済界、あるいはマスコミはいいます。けれども、OECD（経済協力開発機構）の統計（二〇一四年）によれば、二〇一〇年現在で加盟国三四か国のうち相対的貧困率（一定基準つまり貧困線を下回る等価可処分所得――世帯の収入から税金や社会保険料をのぞいた収入――しか得ていない人の割合。日本のばあい一一二万円）は、もっとも高いのがイスラエルで二〇・九パーセント、次いでメキシコで二〇・四パーセント、トルコ一九・三パーセントで

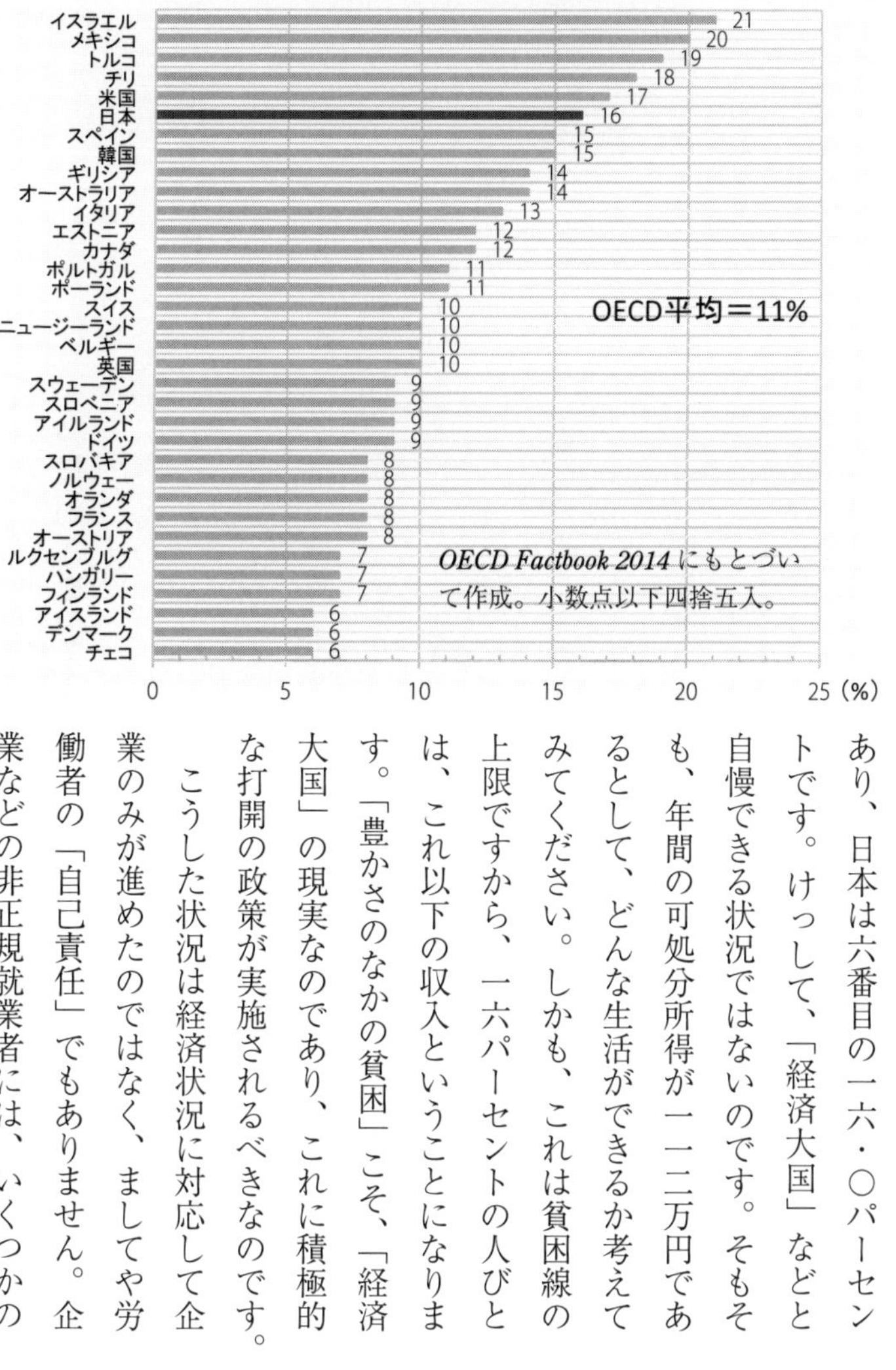

あり、日本は六番目の一六・〇パーセントです。けっして、「経済大国」などと自慢できる状況ではないのです。そもそも、年間の可処分所得が一一二万円であるとして、どんな生活ができるか考えてみてください。しかも、これは貧困線の上限ですから、一六パーセントの人びとは、これ以下の収入ということになります。「豊かさのなかの貧困」こそ、「経済大国」の現実なのであり、これに積極的な打開の政策が実施されるべきなのです。

こうした状況は経済状況に対応して企業のみが進めたのではなく、ましてや労働者の「自己責任」でもありません。企業などの非正規就業者には、いくつかの

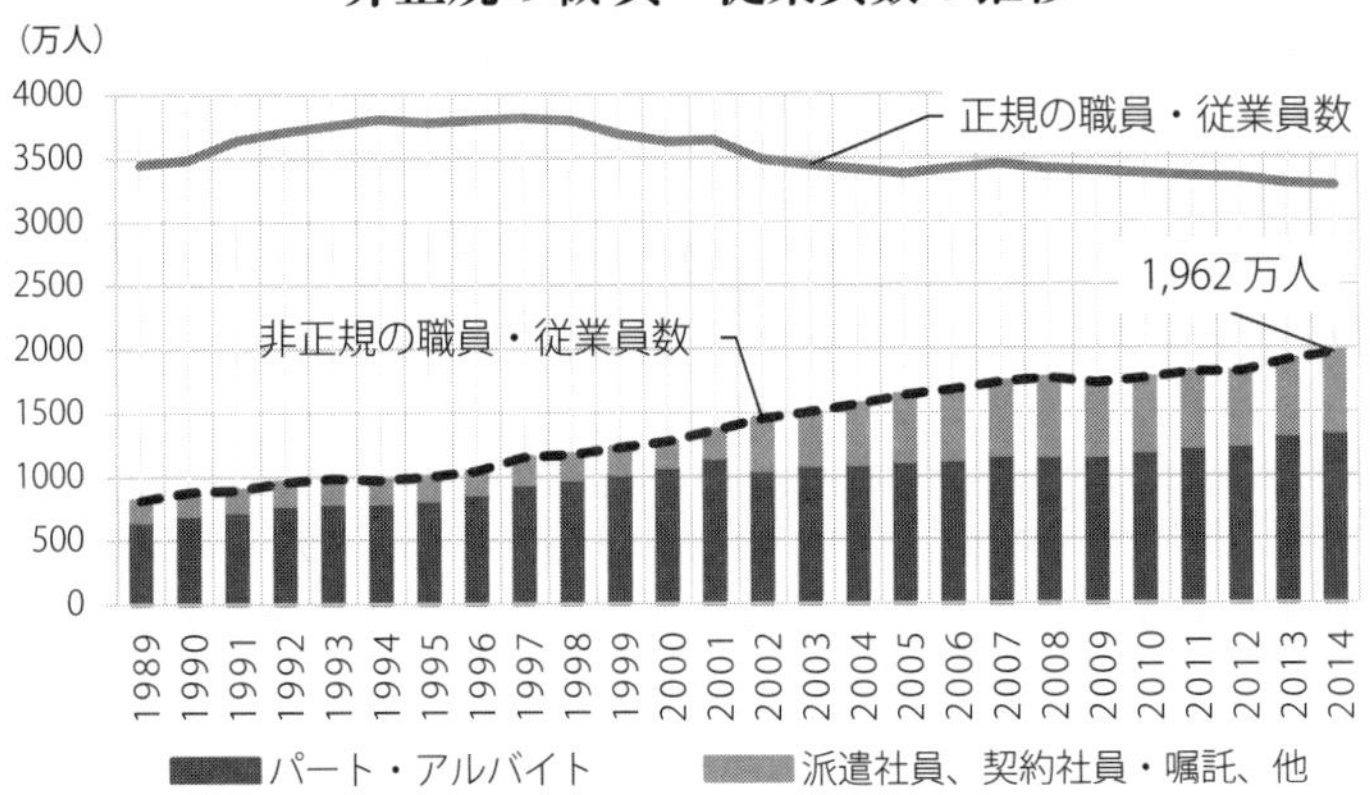

厚生労働省「雇用形態別雇用者の推移と近年の特徴」（『労働市場分析レポート』 第47号、2015年1月30 日）にもとづいて作成。

パターンがあります。自動車産業などが古くから用いてきた期間工や臨時工、請負労働者、労働者派遣法にもとづく派遣労働者など多様です。非正規雇用労働者は全体として増加傾向にあり、二〇一四年には約一九六二万人であり、役員をのぞく雇用者全体の三分の一を占めるとされます。また正規雇用を希望しながらそれがかなわず、非正規雇用で働く者（不本意非正規）も一八・一パーセントと高くなっています。とくに二五から三四歳の若年層では二八・四パーセントです（総務省『労働力調査』二〇一五年一月）。こうしたなかで、とりわけ小泉純一郎政権時代から非正規就労の「主流」となっているのが、労働者派遣法にもとづく派遣労働です。

労働者派遣法の制定と対象の拡大

一九八五年に制定された労働者派遣法は、当初、対象業務を専門職業務や特別の雇用管理を必要とする業務一六業種にかぎるものでした。ところが、一九九九年の「改正」で対象業務は原則自由化されました。そして例外的に禁止する業務を定める方式（ネガティブリスト方式）に改められました。さらに二〇〇三年、二〇〇四年と法律の改正がつづきましたが、専門二六業種については派遣可能期間に制限のない業種とされました。つまり、契約更新するならばずっと働ける業種とされたのです。また一般業務については派遣期間三年とされたものの、派遣労働者が派遣先企業に雇用されることを希望するならば、派遣先企業は派遣労働者と労働契約を結ばなくてはならないとしたのです。この直接雇用の道はかならずしも派遣先企業によって守られてきたとはいえない事例もあります。

「岩盤規制」は取り崩す――その結果は

ところが、労働法制を「岩盤規制」（「岩盤のように労働者を保護しすぎている」との意）と位置づける安倍政権は、けっして安定的な雇用を保障しているとはいえない労働者派遣法の「改正」を、二〇一三年版の成長戦略に盛り込みました。安倍政権が国会に提出し成立をはかった労働者派遣法の「改正」法は、どの業種で働く人も三年までしか従事できないとするものです。一方で、派遣労働者を受け入れた企業は、人を変えれば派遣労働者を使いつづけることができます。つまり、派遣労働者はつねに三年で雇い止めされることになります。かれらが正規労働者の口を見つけることができるならばともかく、三年を期間とした派遣労働を渡り歩かねばならないことになります。それすらも絶対に確保できる保証はありません。こうした不安定な状況では新しいスキルを身につけ安定的な職を探そうとしても、そのための収入をえることがむずかしくなります。非正規労働者は若年層を中心として増加しています。政治は若者の将来にわたる生活設計を否定しているといわざるをえないでしょう。

この労働者派遣法の「改正」でだれが利益をえるのかは、指摘するまでもないでしょう。企業は派遣労働者を大量に使用することによって低賃金でしかも社会保障の雇用主負担をのがれ利潤をあげることができます。いったん、企業業績が悪化するならば、派遣労働者の雇い止めや解雇によって人件費を圧縮できます。そしてまた、派遣労働者の斡旋をしている派遣会社は、派遣労働者の賃金を「ピンハネ」することで利益をえています。

こんなしくみで「成長戦略」のいう経済成長が、かりに実現し正規労働者の賃金がいくらかアップしても、それは非正規雇用という就業構造にささえられたものといわねばならないのです。二〇一五年の大学生らの就職については「売り手市場」といったことが報道されています。とはいえ、それは非正規雇用を解消するものではありません。

「残業代ゼロ」法案

ところで、安倍政権が「岩盤規制」と批判する労働法制の規制緩和は、労働者派遣法の「改正」のみではありません。労働基準法の「改正」による高度プロフェッショナル制度の導入もまたこの文脈によるものです。政権は日本の労働法制が「岩盤」のように固いといいますが、じつは、そうした主張はかならずしも妥当ではありません。

労働時間は一週四〇時間、一日八時間と法定されています。これを超えて労働者を働かせたならば刑事罰を受けることになります。ところが、労働基準法三六条は例外規定をもうけていて、雇用主が労働者の過半数代表と労使協定（36協定）を結び労働基準監督署に届け出れば、事実上、無制限の残業が可能となっています。これは戦後復興時の例外規定として導入されたものですが、いまだに物理的労働時間規制を骨抜きにするものとして生きつづけているのです。36協定による勤務時間の制限の弱いことや労使一体性の強い労働組合の影響もあって、長時間労働の悪弊がつづいています。さらには36協定を超えた残業も常態となっていて、「サービス残業」という言葉がしめすように、残業の割増し賃金が払われず労働の強化さらには過労死問題を生み出しているのです。

政権はこうした労働基準法の規定を改め、あらたに「高度プロフェッショナル制度」を導入しようとしています。これは高度の専門知識を必要とし、時間と成果の関連性が高くない業務（金融ディーラー、アナリスト、コンサルタント、研究開発業務など）を対象とするとされ、職務の範囲は使用者と書面によって明確にするとされています。年収は一〇七五万円以上がメドとされます。高度プロフェッショナルには週四〇時間労働の適用を除外し、時間外割増などの残業代は支払われません。さきにも述べたように、労働基準法自体が物理的労働時間に３６協定のような適用除外をもうけているのですから、高度プロフェッショナルに物理的労働時間規制を課さないことを「適用除外」というのは、虚言であるといわねばならないでしょう。改正法案は提出以来、「残業代ゼロ法案」との批判を受けてきましたが、まさに高度プロフェッショナル制度は物理的労働時間規制の廃止が「本音」なのではなく、時間外手当（残業代）の廃止こそが目的なのです。

いったい、これでだれが利益をえるのかは、いうまでもないでしょう。物理的労働時間規制が撤廃され時間外手当も支払わなくてもよいならば、使用者側にとってこれほど「喜ばしい」

こともないでしょう。高度プロフェッションの業務は一応限定されています。けれども、労働者派遣法が次つぎと「改正」され、対象範囲をひろげ、あげくに派遣労働の期間が三年と限定されたことをみるならば、高度プロフェッションの対象が拡大されない保証はどこにもないといえます。

そもそも、「高度プロフェッション」とは、かなり融通無碍（むげ）に使える言葉です。アナリスト、コンサルタントといった職種が「花形」であるかのように受け取られるようになったのは、つい一〇年ほど前からです。いまでは何をする仕事なのかよく分からないカタカナ表記の職業が増えており、プロフェッション（専門職）として認定するのは、それほど難しいことではないでしょう。

日本は36協定条項を規定しているためＩＬＯ（国際労働機関）第一号条約（一日八時間、一週四八時間）を批准していません。その意味では日本の労働法制は、先進国水準から遅れをとっています。物理的労働時間のきびしい規制こそが必要ですが、事実はまったく逆の方向に向いています。

安倍政権は「残業代ゼロ法案」を二〇一五年の通常国会で成立させると語ってきました。しかし、集団的自衛権の行使を定めた法案審議過程で安倍内閣の支持率は急落しました。その結果、二〇一五年通常国会での制定は断念され継続審議とされました。

とはいえ、これまた「成長戦略」の一環です。これによって経済界が潤いマクロ的に経済成長があったとしても、労働環境の悪化さらには過労死の増加が引き起こされるならば、いったい、何のための経済成長なのでしょうか。この国で働く人びとのほとんどは、サラリーマン、OLと呼ばれようとも労働者です。労働法制は労働者の健康で安定した生活を守る社会的規制の典型です。それは強められることはあっても弱められてはならないのです。わたしたちは「経済成長」「成長戦略」といった呪縛から自らを解放しなくてはならないでしょう。

生活保護にたいするきびしい眼差し

二〇一三年四月からおよそ信じがたい条例が施行されたのを知っているでしょうか。兵庫県小野市が定めた生活保護通報条例（正式には福祉給付制度適正化条例）です。これは生活保護受給者が不正受給はもとよりパチンコ、競輪・競馬などのギャンブル、過度の飲酒、風俗店の利用などをおこなっているのを市民が発見したとき、市への通告を義務づけたものです。蓬莱務・市長は「監視ではなく見守り」といいますが、条例案を作成した市長、それを議決した市議会は、市民の生活権をどのように考えているのでしょうか。

さきのような行為を発見した市民はそれを市に通告せねばならないとしていますが、市民のだれが生活保護を受けているのかを、どうやって知らしめるのだろうか。まさか生活保護受給者のリストを公開するわけではないでしょう。そんなことをしたら行政の守秘義務違反です。「あの家は生活保護を受けているらしい」といった噂話から、監視の通報がおこなわれるのは目にみえているといわねばならないでしょう。興味本位の噂話が蔓延していくならば、それは監視社会に通じてしまいます。人びとが全体として委縮してしまうばかりか、噂話の対象とされたひとの尊厳をいちじるしく傷つけることになります。

生活保護受給者にたいする風当たりは、景気の回復だの成長戦略だのという安倍政権のもとで急速に高まってきました。国会でも一部のマスコミでも不正受給が声高にとりあげられます。生活保護費を不正に受給したり、ギャンブルなどに使っても構わないといっているのではありません。厚生労働省の発表でも不正受給はすべての受給者の二パーセント程度とされています。多くの受給者は依然として肩身の狭い思いをしつつ、つつましく生きているのが実態です。にもかかわらず、生活保護を受けることが何やら「悪いこと」といった風潮が強まっており、小野市もこの程度の監視は当然と考えてのことでしょう。

もともと中央集権的な生活保護行政

生活保護は憲法第二五条のいう「① すべて国民は、健康で文化的な最低限度の生活を営む権利を有する。② 国は、すべての生活部面について、社会福祉、社会保障及び公衆衛生の向上及び増進に努めなければならない」を基本前提としています。生活保護法の第一条は「最低限度の生活」と「自立の助長」を目的としています。ですから、生活保護は経済的に困窮する人びとの生活をささえる最後のセーフティネット（安全網）とされてきたのです。

現行の生活保護法が制定・施行されたのは一九五〇年のことです。すでに六五年の歳月が流れていますが、この間に生活保護費の算定方法や運用には「改正」が加えられてきました。

生活保護行政の実施機関は自治体です。実際に生活保護行政を担っているのは、首長のもとの福祉事務所です。これは市と東京特別区は設置を義務づけられていますが、町村は任意です。町村部については府県が福祉事務所を設置することになっています。このように自治体（福祉事務所）が実施機関なのですが、一九五〇年度から九九年度まで生活保護は厚生大臣から首長への機関委任事務とされてきました。機関委任事務というのは、個別の仕事ごとに法律ないし政令で自治体の首長や行政委員会を主務大臣の下級機関と位置づけ、その指揮命令のもとに仕事を処理させるものです。直接公選でえらばれた首長を同時に各省大臣の地方機関とするのは現在の生活保護行政は「法定受託事務」とされています。これは国の仕事ではあるが、自治体に執行を委託したものとされています。とはいえ、仕事の法的な性格は変えられているものの、機関委任事務時代はもとよりとして現在でも中央集権的色彩の濃い仕事です。

生活保護の給付にかかる費用は、一九五〇年の法律制定時に国一〇分の八、自治体一〇分の二と定められました。憲法第二五条にそくすならば、国が全額を負担して当然であるとの議論は、法律制定時からありました。しかし政府は、自治体による「濫給」をふせぐためには、自治体に応分の負担をさせるべきであるとして、そのように定めたのです。ところが、一九八五年度から八八年度に中央政府財政の逼迫(ひっぱく)を理由として、負担割合は国一〇分の七、自治体一〇分の三とされ、自治体に費用負担が転嫁されました。消費税の導入された八九年度からは、国一〇分の七・五、自治体一〇分の二・五とされ、現在にいたっています。生活保護の受給は個人の申請を前提にしています。ですから、のちに述べるように、生活保護受給者の増加は、財政に制約のきびしい自治体を脅かします。それゆえに、福祉事務所の窓口で申請者に取り下げをもとめることや現に受給している人びとに返上指導、措置の打ち切りなどがおこなわれることにもなるのです。国もまたそれを指導しているばかりか、保護の「適正化」の名のもとに削減をはかってきました。

セーフティネットの網の目をひろげる政治

生活保護の受給者がとりわけ増加をみるのは九〇年代のなかごろからです。受給者の実員数は一九九五年には八八万人ほどでしたが、九九年に一〇〇万人を超え、二〇〇六年に一五〇万人、二〇一一年には二〇〇万人、そして二〇一四年には二一六万人を超えました。地域別にみると、東京圏や関西圏といった大都市圏で増加しています。これは六〇年代の高度経済成長期に工場労働者などとして大都市圏に流入した人びとが高齢になって職を失い、個人生活もさまざまな苦難を重ね、生活保護の受給者となったことに起因しているといえます。ですから、大都市圏の生活保護受給者の急増を社会経済的背景を考えずに「濫給」というのは的外れといえるでしょう。

ところで、こうした生活保護受給者の増加の一方で社会的問題とされてきたのは、若年層を中心としたワーキングプアーの増加です。ワーキングプアーについて明確な定義は難しいのですが、たとえば、三五歳以上五五歳未満の男性の非正規就業者は、二〇〇〇年にこの年代の三・五パーセントだったのですが、二〇〇五年に八パーセント、二〇〇七年に八・五パーセン

被保護実人員と保護率の推移

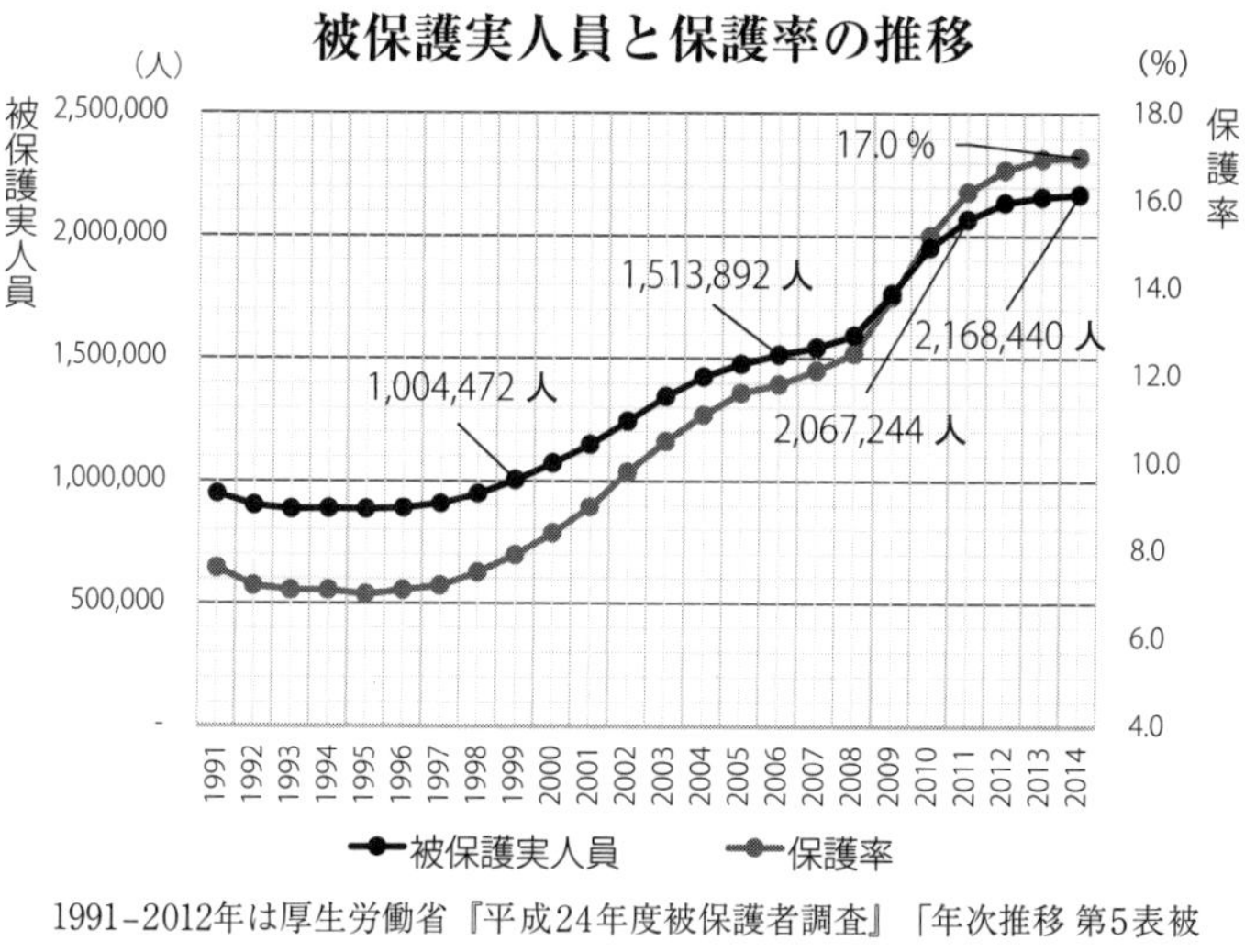

1991-2012年は厚生労働省『平成24年度被保護者調査』「年次推移 第5表被保護実人員及び保護（人口千対）」のデータによる。2013年と2014年の被保護者実人員は同省の「被保護世帯数、被保護実人員（各月間）及び対前年同月伸び率」から平均値を出した。2013年と2014年の保護率はそれぞれ総務省統計局の2014年4月15日、同2015年4月17日公表の人口推計をこの平均値で除して算出。

トです。この年代の男性の非正規就労者の平均年齢は四五・四歳、年収は二七〇万円ほどです。これ自体、低所得であるといわねばなりませんが、他方で、夫婦、こども二人の四人家族のばあい、年間の受給額がほぼ三五〇万円です。

ここからワーキングプアー問題をどのように解決するかではなく、生活保護受給者への「働けるのに働かない」「税金で楽な暮らしをしている」といった「批判」が、一段ときびしさを増していったのです。「反知性的」な言動といわざるをえないのですが、政治や行政はこうした「批判」にこたえるような生活保護に見直しを進めてきました。

生活保護は、生活扶助、医療扶助、出産扶助、生業扶助、葬祭扶助、教育扶助、住宅扶助、介護扶助の、八つの扶助から構成されています。これらの扶助は医療扶助をのぞいて受給者に現金が給付されます。生活保護はさきに述べたように受給を望む人びとの申請から、すべての手続きがはじまっていきます。しかし、窓口である福祉事務所が簡単に申請を受理するわけではありません。そこには生活保護法の定める「他法優先の原則」と「保護の補足性」が立ちはだかります。「他法優先の原則」とは、「保護は、生活に困窮する者が、その利用し得る資産、能力その他あらゆるものを、その最低限度の生活の維持のために活用することを要件として行われる」（法第四条第一項）にもとづいています。つまり、生活保護はその人の生活に活用できる財産などがまったくないことを前提としており、福祉事務所のケースワーカーは当然その証明をもとめます。次の「保護の補足性」とは、「民法に定める扶養義務者の扶養及び他の法律に定める扶助は、すべてこの法律による保護に優先して行われるものとする」（同第二項）によるものです。とくに、ケースワーカーは、申請者に民法上の扶養義務者を聞き出し、その人びとに扶養の能力や意思があるかどうかを居住の自治体に照会せねばならないとされています。

生活保護を受けることは「恥辱」（スティグマ）という観念が依然として強いのが、この国の状況です。生活保護に申請に来訪した人びとのなかには、兄弟姉妹、三親等内の親族（おじ、おば、甥(おい)、姪(めい)）に照会するといわれたならば、その段階で申請を恥辱と考え、「結構です」と帰ってしまう者も多いのです。またそもそも、保護の申請にいたった人生を考えるならば、そのような民法上の扶養義務者の所在など分からない人が多いのが実態でしょう。要するに、こうした申請段階の手続きは、受給者をいかにブロックするかを重視したものといえるのです。

二〇〇八年末に日比谷公園にワーキングプアーやホームレスのためのテント村が、NPOが中心となって開かれました。かれらが生活保護を申請し最低限の生活基盤を整えるために、テント村の支援に立ち上がった弁護士たちが付き添って福祉事務所に出向きました。この時には申請した人びとの多くが生活保護費を受けることができました。このことは福祉事務所のケースワーカーの対応を暗示させるものがあります。つまり、行政や法律上の知識がないと思える素人にはきつく接し、弁護士のような専門職が付き添うならばかなり柔軟な対応をしたといってもよいでしょう。

ともあれ、生活保護にたいする批判は強まっていきました。二〇一三年から生活扶助費は段階的に引き下げられ、ほぼすべての世帯で六・五パーセント削減されています。さらに住宅扶助も、二〇一五年度から削減がはじまっています。

さらに政府は二〇一四年七月から生活保護法の一部「改正」法を施行し、さきに述べた民法上の扶養義務者の調査を徹底することや医療扶助の削減を打ち出しています。生活保護受給者が医療機関で診療を受ける際には「医療扶助証明書」を提出せねばなりません。これ自体スティグマであるといわねばならないでしょうが、改正法は生活保護受給者に薬価の安い後発医薬品を用いることをもとめるとともに、指定医療機関の指定有効期間を六年間とするなどを定めています。政府の不信感は医療機関にも及んでいるといってよいのです。

だれでも好き好んで生活保護の受給者になったわけではありません。そして、生活保護制度や受給者に声高に批判を浴びせる人も、いつ、この最低限度のネットを必要とするのか分からないのです。生活困窮者をさらに困窮させるような制度改変はあってはならない、現在の経済状況がどうであれ、ひととひとの連帯こそが社会の底辺に息づくことが大切であるといえます。

生活困窮者自立支援法は第二のセーフティネットなのか

生活保護にたいする批判と制度の後退の一方で、二〇一五年四月から生活困窮者自立支援法という法律が施行されました。一部に最後のセーフティネットである生活保護のうえにもうひとつのセーフティネットを張るものであり、地域社会全体で生活の困窮からの脱却を支援するものとの評価があります。

この新しいしくみは、自治体の福祉事務所だけでなく民間団体も、生活困窮者の一人ひとりに合った支援プログラムをつくりささえていくというものです。なかでも自治体に期待されているのは、生活困窮者の早期の発見と中間的就労の機会の提供です。中間的就労とは、就労訓練と一般的就労の中間という意味であって、働きながら新しいスキルなどを身につけていくことを意味します。

自治体が生活困窮者の相談窓口をもうけたり、地元の企業に働きかけて中間的就労の機会を増やしていくことは、いうまでもなく重要です。しかし、わたしはこの制度に大いに疑問があります。生活困窮者の発見や相談に応じるというのは簡単です。とはいえ、生活保護の申請者にたいする対応とどのように区別するのでしょうか。そもそも、この法律による相談者と生活保護のそれとを区別するとすれば、それ自体の妥当性が問われるでしょう。生活保護受給者と一口にいいますが、年代はさまざまです。比較的年齢の若い中年、若年層は、保護費で遊んで暮らそうと思っているわけではないし、そんな余裕のある保護費ではありません。生活保護のケースワーカーは、こうした受給者に就労するように指導し、その意欲がないとして保護費を打ち切ってしまう事例すらみられます。生活保護の受給者にこそ中間的就労の斡旋が必要とされているのです。

危惧しておきたいことは、生活保護の申請者にたいして生活困窮者自立支援法での対応を優先し、結果として生活保護をより使いづらい制度としてしまいかねないことです。

生活保護は権利である

「豊かさのなかの貧困」こそ、政治が取り組むべき課題です。これについては最後の章でより広く論じることにします。ただ、ここで生活保護という「最後のセーフティネット」のあり方についてふれていきます。

まず、わたしたちが現在の生活状況がどうであれ認識しなくてはならないのは、生活保護の受給は憲法に保障された権利だということです。これが社会的に認識されないかぎり、生活保護を受けることは「恥辱」であり、また受給者への「蔑み」の観念が払拭されることはないでしょう。繰り返しますが、「自分は絶対に生活保護など受けることはない」といい切れる人はいないのです。

そのうえでいうと、生活保護の制度から「恥辱」が拭われるように、改革の手を加えることが必要になります。さきに述べた八つの扶助のうち、生活費である生活扶助は現金の支給であるべきなのは当然ですが、他の扶助は北欧福祉先進国と同じように現物給付とすることです。なぜなら、これらの扶助は被保護者であるかどうかにかかわらずユニバーサルに提供されるべきサービスであるからです。医療扶助については、国民健康保険証を交付し自己負担部分を自治体が医療機関に払い込めばよいのです。教育扶助はこどもたちの受ける教育なるサービスは現物ですが、扶助費は現金となっており被保護者の自由となる部分が多いのです。基礎教育の必要経費は被保護者にかかわらず公費でまかなうべきものなのです。

そして、当然のことですが、生活扶助費については全額国庫負担とすべきなのです。また、生活保護はじつに細かい給地指定をして保護費に差をつけていますが、ほとんど不必要なことでしょう。他の扶助にかかる経費は、生活保護自体がいまや自治体の仕事なのですから、国庫から地方交付税による一般財源として交付し、国の細々とした統制を排除すべきなのです。

生活困窮者自立支援法は、二本建てあるいは上位の第二のネットと位置づけるのではなく、生活保護の網の目をそこまでひろげることが問われているのです。生活困窮者を積極的に発見するのはケースワーカーの責任であり、それらの人びとの相談に乗りつつ、生活保護の活用、中間的就労の斡旋などによって、自立への道を援助していかねばならないのです。また市民も

ＮＰＯやボランティアとして行政のシステムとは別の援助のネットを築いていかねばならないでしょう。こうした活動があってはじめて、「豊かさのなかの貧困」を加速する政治を転換させることができるのです。

Ⅲ章　教育・研究はだれのためにあるのだろうか

1　人文・社会科学は役に立たないのだろうか

教育・人文・社会科学系学部の廃止

この本の読者のなかには高校卒業後に、いま暮らしている県内の国立大学に進学しようと考えている人も多いことでしょう。大学生活にかかる費用をとりあげても利点があります。四七都道府県には、かならずひとつは国立大学があります。これは第二次大戦後の一九四九年に、戦前の東京帝国大学など七つの帝国大学に加えて、旧制高校、旧制の医科大学や医学専門学校、商業や工業、農業などの高等専門学校、そして各県にかならず一校あった師範学校（教員養成学校）などを統合して、現在の国立大学が生まれたからです。

国立大学の規模はそれぞれ異なりますが、公立学校の教員の供給をはじめとして、各地域の産業や行政、地域の文化や伝統の継承と発展に貢献してきました。Ⅱ章で述べた地域創生についての政府のガイドラインは、「自県の大学への進学者を増やし、地域に寄与する人材を育てる」としています。もちろん、ここにいう自県の大学は、国立大学だけでなく公立大学や私立大学を含んでいるでしょう。しかし、歴史に裏づけられた国立大学は、設備や教職員スタッフなどの教育体制からみて、その地域における中心的な存在です。ですから、政府が地方創生との関連でいう将来を担いうる人材の養成は、国立大学を中心とするといってもよいでしょう。

ところが、政府は地方創生と大学の役割をいう一方で、まったくこれに矛盾する政策をしめし、国立大学に実施を迫っています。国立大学は二〇〇四年に政府の直轄から国立大学法人に改められました。それぞれの大学が独自性を発揮した教育や研究をおこなう。学長や法人理事会の権限を強める。教員は国家公務員から独立した法人の職員となることで活動の幅をひろげられる。このようにアピールされた国立大学の法人化には、大学スタッフも含めて支持する声がかなりあったのは事実です。

法人化後の国立大学の運営は、財政的には国から交付される運営費交付金（主として人件費）によることになります。ただし、この運営費交付金は毎年一パーセントずつ減額されていきます。そして各大学は六年間を一期とする中期目標・中期計画を定めるとともに、その達成状況について、大学評価・学位授与機構など外部機関の評価を受けねばならないとされました。

二〇一六年度からは第三期の中期目標・中期計画の期間がはじまります。各大学ともにそれに向けた準備を進めていますが、文部科学省は二〇一四年六月、第三期の中期目標・中期計画の策定にあたっては、教育・人文社会科学系学部の廃止を含んだ見直しをせねばならないという策定の指針を、各大学に通知しました。ここにはじつに多くの問題が横たわっているといわねばならないでしょう。身近な問題から順にみていくことにしましょう。

第一に地方にある国立大学の多くは、理系学部を備えていますが、中心は教育、人文・社会科学系学部から構成されています。さきに述べたように「自県の大学への進学による人材の養成」をいう一方でのこうした方針は、実質的に進学の選択肢を奪うばかりか、地域に貢献する人材の養成を否定するものといえます。

第二は教育学部の廃止についてです。少子化のなかで統廃合を迫られている小中学校があるのも事実です。とはいえ、そのことと教育学部の廃止とは、まったく別個の問題だといえるでしょう。学校教育では「いじめ」をはじめとして児童・生徒間の関係が複雑化しています。少人数学級の徹底がいわれますが、そのためには教員の養成が不可欠です。さらに先進国では複数担任制がふつうとなっていますが、日本ではまったく着手されていません。次の時代を担うこどもたちに勉強を教えるだけでなく地域の伝統や文化を伝えていくためには、教員による懇切丁寧な学習活動の指導を必要とします。それを担える能力と技術をもった教員を養成することは、この国の将来にかかわることといわねばならないでしょう。にもかかわらず、国立大学の教育学部を廃止せよと政権はいいます。「国家百年の大計」を見据えた教育などと仰々しく語られますが、ここには良き市民を育てる発想がまったく欠けているといわねばならないでしょう。

そして第三は学問・教育についてのより根本的な問題です。これは項を改めて述べることにします。

リベラル・アーツの大切さ

今回の国立大学への指針のなかでいわれているのは、「社会に貢献する教育・研究」ということです。より端的には「経済発展に貢献する教育・研究」です。安倍政権は従来の保守政権以上に「先端技術立国」を強調しています。政権のいう「先端技術」がもっている意味についてはのちに述べますが、工学、医学、薬学、農学などの分野での先端技術開発は、iPS細胞ひとつをとりあげても分かるように、目覚ましく進展しています。そしてこうした先端技術開発が、国の生産力を高めていくことは事実といわねばなりません。その意味で、自然科学系のなかの特定分野が「社会に役立つ」もっというと「経済発展に役立つ」というのは、じつに分かりやすいことです。逆にいうならば、文学、言語学、哲学、宗教学、歴史学、法学、政治学、経済学、社会学などは、研究者の「趣味」みたいなものであって生産力に何の貢献もしていない、たんなる「金食い虫」との言説を生み出すことになります。そんな分野に国費を投入する必要などないということです。しかし、こんな上辺だけの薄っぺらな教育・研究観であってよいのでしょうか。

たしかに、歴史学、文学、哲学などの人文科学が、先端技術開発に直結し生産力を高めることはないでしょう。経済学を学んだからといって企業経営にイノベーションをもたらすわけではありません。むしろ、経済のしくみを学習し知識を深めるならば、社会における富の配分のメカニズムに関心をもち、たんなる企業利益の向上を技術的に追求することはないでしょう。政治学を学んだからといって政治家として成功し、一国の発展を導いていくことなど、およそありえません。それどころか、あたら政治学などを学べば、政治についての批判精神が高まり、政治権力に追随するような政治家からいかに社会の公正さを取り戻すかに関心が生まれてくるといえます。

ようするに、教育や研究の価値を「経済的利益」に直結させて考えることが間違いだということです。人文・社会科学ばかりではなく自然科学を含めて、高校・大学における教育はけっして分野に優劣をつけられるものではありません。なぜならば、これらを学ぶということは、社会を構成する人間としての生きる術――教養といい換えてもよいでしょう――を身につけていくことだからです。

一九九〇年代初頭まで、国立・私立を問わず大学には教養課程の設置が義務づけられていました。教養部、一般教育部といった名称をもった学部がおかれていたところも少なくありませんでした。とくに、国立大学にはすべてに教養部という組織がもうけられていました。ところが、いまから考えれば現在の事態の前触れであったともいえますが、文部省のいう「教育課程の大綱化」によって、教養課程と教養部は廃止されました。

大学入学とともにすべての学生は教養課程での教育を受けねばならず、人文科学、社会科学、自然科学の三分野に設置された科目から一定単位を選択必修せねばなりませんでした。ところが、「大綱化」以降は、かつて教養課程におかれていた科目を設置するかどうかは、それぞれの大学の裁量にゆだねられたのです。もちろん、教養課程の教育にも批判がありました。高校で学んだことをまたやらねばならないのか、専門学部の教育に早く進みたい、といった学生の苦情も少なくありませんでした。

とはいえ、リベラル・アーツという言葉が表しているように、どのような専門分野に進むにせよ、そこでは専門人として生きるために幅広い基礎的な知見を必要とするからこそ、教養課程がおかれ履修が義務づけられたのです。もっとも、文部省の大学教育政策が、こうした理念にもとづいた教養教育を進めなかったことも事実です。教養部のスタッフは、専門学部のスタッフより一ランク下といわんばかりの扱いを受けてきました。そのツケが今日におよんでいるともいえます。

教養課程はなくなりましたが、リベラル・アーツをしっかりと学ぶことは、政治や経済、社会のあり方への洞察能力を高めます。文学、歴史学、哲学のいずれでもよいですが、人類の歴史のなかで、人は何に苦悩し、いかにそれを解決しようとしてきたのか、あるいは解決策がほんとうに適切であったのかを、先人の残した業績を通じて学び、人間社会の倫理を考察できるはずです。経済学や政治学についても同じです。歴史や背後の思想・哲学を考察することによって、権力（政治権力のみではなく経済権力を含む）と権威なるものの動きを知ることができ、権力あるいは「権威」といわれるものの実像とそれらとの距離の取り方を学ぶことができるはずです。

人文・社会科学系学部の卒業生は、大半、企業や官庁、種々の団体などに勤務することでしょう。組織の一員としての行動をもとめられることになります。しかし同時に、市民として生きる術を身につけているならば、組織がもとめる行動が不条理、理不尽であると考えるなら、従順に従うことに異議を覚えるはずです。この国が真に民主国家かどうかはさておくにしても、異議申し立てや救済の法制度はつくられています。その活用が「当然の権利」であるとの信念は、政府が「不要」という人文・社会科学系の教育によって育まれていくのです。

学問に要請される社会的倫理

じつは、こうしたリベラル・アーツ教育は、政権が「社会に貢献する」「経済発展に役立つ」という理系の特定分野にこそ、重要であるといわねばならないでしょう。理系のすべての分野ではありませんが、応用科学・技術分野は先端技術の開発とその商品化に邁進（まいしん）してきました。そして、いまでは産学共同での開発が、あたかも当然であるかのようにいわれ、多くの大学が潤沢な研究費の取得をめざして産学共同路線を進めています。

もともと、さきにも述べたように形だけのリベラル・アーツ教育の不徹底は、これまでにも多くの公害事件、薬害事件を生み出してきました。今日なお救済が進まず多くの患者を苦しませている水俣病は、チッソ内部の研究者から告発されたものではありません。サリドマイド事件やスモン事件も同様ですが、産学共同（癒着）による典型的薬害事件は、薬害エイズ事件だといってよいでしょう。帝京大学医学部の血友病専門家をはじめとする医師グループと血液製剤メーカーであったミドリ十字との「連携」（癒着）が、この事件を生み出したのです。血友病専門家の帝京大学医学部の安部英（たけし）教授らは、非加熱血液製剤が血友病患者にエイズを発生させている事実を知りながら、加熱血液製剤の開発が遅れているミドリ十字のために、それを放置してきたのです（くわしくは拙著『技術官僚　その権力と病理』岩波新書）。もちろん、これらの事件には、行政の怠慢をきびしく指摘しておかねばなりません。ただ、科学の観点からいえば、これにかかわった専門家に、研究・技術開発や医療行為がもつ負の要素についての認識が欠けているのです。いい換えれば、学問に当然要請される社会的倫理が欠けているといってよいでしょう。

わたしたちは、研究開発と社会的倫理の欠如ゆえの重大事故を、二〇一一年三月一一日に否応なく認識させられました。いうまでもなく、東電福島第一原発の重大事故です。この地震列島・地震大国に五四基もの原子力発電所を稼働させていた責任は、当然、国、電力会社そして大学の原子力工学者たちにあります。電力会社にも資源エネルギー庁、原子力委員会、原子力安全委員会、原子力安全・保安院にも、多数の原子力専門家が配置されてきました。かれらはただただ経済発展にとって「安全で廉価」な原子力エネルギーが欠かせないとして、中央集権的につくられてきた原発推進体制に組み込まれていきました。原子力工学者はそれによって研究費や社会的名声をえようとしたのでしょうが、原発のメカニズムを知る学者ならば、その安全性に心を配らねばならないはずです。しかし、かれらは「原発絶対安全」を国や電力会社と一体になって叫ぶばかりか、スリーマイル島の事故、チェルノブイリ事故については、「日本とは操作員の能力が違う」、「日本とは原子炉の型式が違う」として、日本では起こりえないとしました。皮肉を込めていうならば、何と「無邪気」なことでしょう。原子力という人間の手に余るエネルギーは「兵器」にこそなれ、市民の生活の安定をもたらすものではないと、原子力学者の一部から指摘がつづいていたのですが、そのような問題を投げかける研究者や技術者は、少なくともフクシマの事故までは、学界からも政府からもまったく相手にされませんでした。

社会には「専門バカ」という言葉があります。これはかならずしも批判の意味のみの言葉ではありません。自分の学問的あるいは技術的関心にもとづいて一途に道を究めていこうとする人間をさしてもいます。たしかに、ひとつの研究上の目的にしたがって成果を上げていくことは、楽しいことでしょう。ただし、自然科学とくに応用科学分野での研究開発は、たんにそれを楽しむのではなく、その成果が社会にいかなる意味をもつかをたえず自省する研究倫理を備えていなくてはなりません。

これは原発だけではありません。クローン技術は人間を複製することができます。ある特定の価値観にもとづく判断基準にパスした人間のみを複製することも技術的に可能です。ただし、人間の生命倫理を重視する科学者らの判断で、ぎりぎりのところで実現をみていません。けれども、それが今後ともつづくかどうかは、保証のかぎりではありません。実際、ＤＮＡの遺伝子構造の解析は進んでいますし、胎児の遺伝子分析によって障害の有無が診断されています。人間の生命倫理を凝視することが問われているのです。

軍事研究を推進する安倍政権

「社会に役立つ研究」をいう安倍政権のもとで一段と進んでいるのは、軍事研究との一体性です。大学などの研究機関と防衛省・自衛隊との共同研究は、大手をふっておこなわれたわけではありませんが、これまでにも実施されてきました。しかし、武器輸出三原則を廃止した安倍政権は、原発プラントの輸出とならんで、たとえばオーストラリアへの潜水艦輸出のように、軍事技術と武器の海外輸出による「経済成長」を重視しています。

安倍政権は二〇一三年末に策定した国家安全保障戦略（ＮＳＳ）で「産学官の力を結集させ、安全保障分野においても有効活用に努める」と、軍事研究への「学」の動員をうたいました。

そして、二〇一五年、防衛省は「安全保障技術研究推進制度」をもうけ、大学、高専、独立行政法人、民間企業などの研究者に研究助成金を支出するとしました。研究内容は将来の防衛装備品に適用可能性のある、音と電波などの反射の低減や制御などの二八分野とされています。研究期間三年、助成金は一件あたり三〇〇〇万円が上限であり、一五年度の助成金総額は約三億円とされています。さきに述べたように大学の研究費予算は、国立大学法人化以降、削減が進んでいますから、この研究助成金を活用しようとする動きが強まっていくと予想されます。実際、初年度である一五年度には、東京工業大学、豊橋技術科学大学、理化学研究所など九機関が交付を受けています。

近代以降の科学・技術の発展は、民生用技術と軍事技術の境界をあいまいにしてきました。民生用として開発した技術や製品は、開発者の主観的意図とは別に、軍事装備品に転用することができます。逆も真であって軍需品として開発されたものが、民需品として製品化されることも少なくありません。こうした民需と軍需の境界は、科学・技術の発展とともにますますあいまいなものとなってきました。いわゆるデュアル・ユースといわれる問題領域の発生です。

研究者本人は民生用の技術開発と自認していても、それが何者かによって軍需に転用されてしまうことがあるでしょう。また、政治が国家の危機をあおり世論を席捲（せっけん）してしまうような状況が生まれると、自ら進んで軍部の研究に参加する研究者も現れるでしょう。実際、原子爆弾の研究はアメリカでも日本でも、そのような状況のなかで研究者の「自発的」参加をうながしていったのです。アメリカのマンハッタン計画、日本の理化学研究所の研究がそれらです。日本のばあい原爆の開発は成功にいたりませんでしたが、マンハッタン計画に参加し、その後広島・長崎の惨状を知ったオッペンハイマーらの核物理学者は自責の念を強めたとされています。

こうした第二次大戦下の軍事と科学の「融合」をふまえて、日本学術会議は一九五〇年に「戦争を目的とする科学の研究には、今後絶対に従わないというわれわれの固い決意を表明する」と決議しました。また東京大学などの大学も軍事研究に携わらないことを研究機関・研究者の倫理コードとして宣言したのです。

ところが、さきにも述べたように、科学・技術の「宿命」ともいえるデュアル・ユースの進展は、一九五〇年代にはるかに増して、個々の研究者に研究倫理――何のため、だれのための研究か――を真剣に考え判断する能力をもとめているといえます。

安倍政権の制度化した防衛省の研究費助成制度や、武器の研究開発・調達・輸出を一元的に担う防衛装備庁の新設（二〇一五年）による軍民協力の研究体制は、軍備の高度化や対外移転による「経済成長」に貢献するとしても、人間のための科学・技術といった研究倫理を後退させてしまうでしょう。しかも、二〇一四年に安倍政権が強引に成立をはかった特定秘密保護法は、軍民共同研究の中身を「特定秘密」に指定できます。この法律の始末の悪いのは、何が「特定秘密」かが公表されないことです。研究にかかわった研究者が外部にふと研究内容を語ったならば、特定秘密保護法違反として検挙されることもありえるのです。つまり、こうした状況で軍事研究に「加担」した研究者は、「恐怖の念」から軍事研究の「とりこ」となってしまうでしょう。軍事にも役立つけれど民生技術にも貢献するといったデュアル・ユースは、弁明になりません。「社会に役立つ研究」という政治の言葉に簡単に同調してはならないのです。時代は、学問・研究における人間の倫理をきびしく問いただしています。

「無邪気なエリート」であってはならない

わたしは自然科学それも応用科学の研究者・技術者になってはならない、などと「陳腐」なことをいっているのでありません。ましてやそうした分野の基礎を学ぶ大学に進学すべきでない、などといっているのではありません。科学・技術が人間生活の利便性を高め、労働面・医療面など多くの分野で人間の生命を守り安心で快適な生活をもたらしたのは、けっして否定してはならないでしょう。今後とも、そのような科学・技術の開発に叡智をかたむけていかねばならないでしょう。ただし、繰り返し述べてきたように、科学・技術はだれのためにあるのかを、研究者だけでなく市民を含めて社会的に議論を呼び起こしていかねばならないのです。

このためには、どのような仕事に就こうとも、人文・社会科学の先人たちが残した業績を、いま自分が存在する社会のなかでとらえ直し、生きる術として内在化させていかねばならないでしょう。大学教育から教育・人文・社会科学系学部をなくし、「社会に役立つ」学部構成に変えようというのは、政治や行政、経済社会に疑問をもたないような人間を育てよ、そしてまた経済発展・成長に向けて雑念をいだかずに邁進する人間を育てよ、といっているに等しいのです。しかし、その結果として「無邪気なエリート」が輩出されるならば、人間の存在そのものが脅かされることになるのです。そのことを何よりも強調しておきたいと思います。

2　じつは権力に役立っている人文・社会科学

有識者会議の濫設

政治のいう「社会に役立つ研究」が、理系分野のそれも応用科学・技術の研究を意味しているのは明らかですが、それでは人文・社会科学の研究は、「役に立たない」のでしょうか。じつは、政権は経済発展には役立たないが、権力には「役立つ」研究をしている者はいると考えているのではないでしょうか。

このところ、新聞やテレビニュースの見出しに政治による「有識者会議」の設置が目立ちます。そんなにいろいろな分野に精通した有識者が多数いるのか、「有識者会議」ではなく「利害関係者会議」ではないかと、つい皮肉のひとつもいいたくなりますが、重要な政策や政治の行動を決める前段に、有識者会議なるものがもうけられ、有識者会議の意見あるいは報告をもとにして決定したとPRされます。

たとえば、安倍晋三首相が二〇一五年八月一四日に発表した「戦後七〇年談話」は、首相の私的諮問機関である有識者会議「21世紀構想懇談会」の報告をベースにしていると、政権自ら語っています。首相は「戦後七〇年談話」を作成するのにあたって、戦前・戦後の日本の歩みをまとめてもらうとして、この懇談会をもうけました。座長・座長代理をはじめメンバーは、いずれも首相と政治についての考え方を基本的に同じくする人びとです。戦前期日本の朝鮮・中国・東南アジア「侵略」をきびしく批判する人たちは、まったく排除されています。これらの懇談会のメンバーは「社会に役立たない」とされた人文・社会科学系の人びとであり、学者、文化人、新聞人などです。

これだけでなく、集団的自衛権の行使容認の閣議決定は、同じく有識者会議である安全保障法制懇談会の議論と報告をもとにしています。このメンバーも人文・社会科学系の人間です。双方で中心をなしたのは、北岡伸一氏であって、かれは政治学者であり日本政治外交史の専門家です。かれらが画期的「発明」をなし経済発展に貢献することなど、どだいありえません。その意味では「社会に役立たない」学問の基礎を学び、そのうえで自らの学問的見識を築いてきた人びとなのです。そして、それが政治権力のイデオロギーや思考と一致しているとき、かれらは「権力に役に立つ」学識者とみなされるのです。

安倍首相の「戦後七〇年談話」とほぼ時期を同じくして、これとまったく対照的な事態が生まれたことを、多くの読者は記憶しているでしょう。衆議院憲法調査会に参考人として呼ばれた三人の憲法学者が、そろって集団的自衛権の行使容認の法案は、立憲民主主義を定める憲法の精神と憲法九条違反だと述べました。もともと、憲法調査会は集団的自衛権の行使と憲法との整合性を聞きたくて三人の憲法学者を呼んだわけではなかったようです。それだけに自民党推薦の参考人である憲法学者までが「違憲」と述べたことに、政権と政権党は大慌てでした。そして、「憲法学者は九条に固執している」「違憲論の憲法学者ばかりではない」「空理空論をいう憲法学者と違って政治家は国家に責任をもたねばならないのだ」と、無視を決め込みました。

ここには「権力に役立つ」研究と学者は重視するけれど、「権力に役立たない」研究と学者は徹底して無視するという、反知性主義が露骨に現れています。この状況がもう一歩進むとどうなるか。戦前期、美濃部（みのべ）達吉の「天皇機関説」事件、森戸辰男事件などにみるように、政治は権力に都合の悪い学説を述べ行動する学者を弾圧していきました。これはけっして過去のことというわけにはいかないのです。こんな状況がつづくと、学問・研究、思想・信条の自由の「圧殺」につながってしまいます。だから、「社会に役に立たない」歴史学などの人文・社会科学は、学ぶ必要がないといった政府の方針ともなるのでしょう。

ともあれ、まったく同じ構造で「有識者会議」は、中央政府のみではなく自治体でも活用されています。政治や行政が「有識者」に意見を聞くことは重要です。政権や政権党、行政組織は、同一の思考のもとに一体性をもっているのであり、その意味で閉鎖的です。社会の動きは問題状況に応じて多様な集団を生み出すし、それをどのようにみるかは、それぞれの人間のもつフィルターによって違ってきます。原発の推進＝再稼働や集団的自衛権の行使をあげるまでもなく、政権や行政組織の見解とは異なる意見が社会に渦巻きます。そのとき、そのような「異論」に謙虚に耳を傾けることが、政治にとって重要であり、それは政治の信頼性を向上させることになります。ですから、こうした「異論」を体系的に述べるであろう「有識者」から意見を聞くことは、政治や行政に不可欠なのです。

ところが、中央でも自治体でも「有識者会議」なるものに組織される専門家は、ほとんどのばあい、基本的に政権や行政組織と考えを同じくする人びとです。そのような人びとのみが組織されるといってよいでしょう。とりわけ、「有識者会議」なる法的な設置の根拠を欠いた組織に、それが目立ちます。

「有識者会議」に似たような組織に審議会（名称はかならずしも審議会ではない）があります。これは中央政府のばあい法律ないし政令で組織され、自治体のばあいは条例で設置されています。これらも行政の長の諮問機関とされており、法律・条令の制定や政策の方向などについて専門家の意見を聞く場とされています。審議会などには昔から「市民参加の場」という見方に加えて「行政の隠れ蓑」といった批判があります。ここには審議課題に関連する専門家や利害関係をもつ団体の代表などがメンバーとされています。「隠れ蓑」というのは、国民・市民の代表であることを装いながら、その実、行政の意向のもとに答申や報告をまとめているという意味です。その色彩は否定できませんが、さすがに法令や条例に設置の根拠があるだけに、「異論」をもつ専門家も少数ながら加えられるケースがみられます。その意味で「有識者会議」の方が、政権や行政にとって機動的に運営しやすいのです。

いずれにしても、依頼主である政治の意向にそった報告書の作成につながっていくのです。それも、有識者の委員たちが議論して自ら報告書の筆をとるならば、いくらかでも「生きた」文章となるでしょうが、報告の原案は依頼主である事務局が書き、それに若干の注文をつけるといった状態がみられます。こうなると、有識者はたんに「外部の知恵による報告」と行政が弁明するための道具でしかないでしょう。

このように有識者会議などを運営する政治の問題性は、きちんと認識されねばなりません。加えて、さきの理系の研究と同様に、だれのための、何のための学問・研究なのかは、人文・社会科学の研究者にも問われているのです。

時代の文脈に批判精神をもつということ

人文・社会科学を学ぶおもしろさは、どこにあるでしょうか。わたしには、一言でいってしまうならば、人文・社会科学を学ぶことでじつに複雑怪奇のようにみえる人間や社会の動きのなかに、現代に通じる「普遍性」を知ることでないかと思えます。逆にいえば、人文・社会科学の古典や名著を現代の視点から翻訳することです。

たとえば、人びとは洋の東西を問わず神々を祀り、それぞれに供物をささげてきました。それは神秘的儀式としておこなわれました。こうした神儀は数々の戯曲や口承文学などに描かれてきました。さて、それは神代の時代の話なのだろうか。宗教的神秘性をとりはらってみたとき、じつはいまの時代のほうが、はるかに大規模におこなわれているといってよいでしょう。つまり、政治の世界をみるならば、権力者への「お詣り」と「お供物」が大規模におこなわれています。だからといって、こうした人間の行動が「正当」といっているのではありません。古代において、神々への畏敬の気持ちが、人間による制御不可能と思える事態を前にして神々への祈りの行動に向かわせたのであり、その見返りはけっして世俗的なものではありませんでした。しかし、いまは数多くの現代社会に関する著作があります。それらを対照しつつ古代の儀式を知るならば、いかに現代社会が世俗的欲望で支配されているかを知ることでしょう。

ドイツの生んだ偉大な社会経済学者にマックス・ウェーバーがいます。かれの残した『プロテスタンティズムの倫理と資本主義の精神』（岩波文庫）は、まさに名著といってよいでしょう。そこではプロテスタンティズムの禁欲の教義——より正確にはカルヴィニズムの「予定説」が、人びとの心的態度の基礎条件であったと説くものです。つまり人間の生は神によって定められているのであって、合理的に実利をえるために働くことは、神のおぼしめしに叶うものであるというものです。資本主義という経済システムをプロテスタンティズムがつくったのではなく、その心的態度が初期資本主義に大きな影響をあたえたとするものです。

ウェーバーのこの「名著」は、多くの議論を呼び起こしてきましたが、かれの説くところを承認するとして、それでは現代資本主義はどのようにとらえることができるでしょうか。禁欲的な合理性など一片たりともみることはできないとの結論を導くこともできるでしょうし、逆に、世俗的欲望と禁欲的行動との相克こそが、現在資本主義にはらまれた問題なのだと考えることもできるでしょう。いずれにせよ、まさに「名著」に学びつつ、現代資本主義を説く数々の著作をも学び、自らの生活を見詰めることが大切なのです。

ようするに、人文・社会科学を学ぶということは、ともすれば「古典」「名著」を現代社会の様相から切り離しがちなのですが――それは共通一次・センター試験に象徴される受験勉強の弊害――現代社会への感性をもとにして読み直すことだといえます。こうした学びを繰り返すことは、自ずと時代への感性をかつて以上に研ぎ澄ましていくことでしょう。わたしたち社会を構成する市民がこうした努力を重ねるならば、専門家・有識者といわれる人びとの権力への「迎合」は、なくなりはしないでしょうが、力を弱めていくでしょう。

ところで、学者・研究者という職業にある者の生活について、少しふれておきたいことがあります。自然科学でも人文・社会科学でも、分野の細分化がきわめて進んでいます。そして、細分化した分野のなかで、なお着手されていない領域をみつけ、それによって「業績」を上げポストをえる、あるいはより条件の良いポストに就こうとする傾向が目立っています。また、あえて過去の研究の「定説」を否定して「新説」を打ち出し、それで研究者コミュニティの目を引き付けようとする動きもみられます。こうしたある意味で私的関心にもとづく私的研究は、ほんらい科学がたえず気を配らねばならない社会全体の問題状況をみる眼を曇らせてしまうでしょう。そして、いわゆる「御用学者」として使われても、そのことに気づかず、自己の研究が高い評価を受けたと考えがちなのです。これは学問・研究を職業とする者が、たえず心せねばならないことです。

これまで、理系・文系ともに日本の学問・研究状況が、政治権力に絡め取られる「危険性」をみてきました。時代の文脈を読み解く能力は、学者や研究者のみではなく、市民全体に問われていることも指摘しました。そうした能力は、一朝一夕に培われるものではありません。小中学校の基礎教育からそのような能力の涵養が大切です。はたして日本の教育は、こうした課題に応えているでしょうか。

3　基礎教育に進む新国家主義

「主権者教育」の裏側で

二〇一五年六月、公職選挙法が改正され選挙権年齢が一八歳に引き下げられました。二〇一六年に実施される参議院議員選挙からあたらしい有権者が加わります。日本もようやく世界の水準に追い付いたことになります。選挙権を一八歳に引き下げること自体は大いに評価すべきことです。ただ、この公職選挙法の改正を受けて政権党である自民党内とマスコミの一部から、「主権者教育」の必要性が声高に主張されています。

この国には「おんな・こども」という蔑視ないし差別言葉が連綿とつづいていますが、「主権者教育」も、その底流に「こどもたち」に選挙権と選挙の意義や重要性を教えるべきだといった「上から目線」の主張のようにみえます。選挙権の意義や重要性をいうならば、すでに選挙権をもっている「おとな」たちにこそ、必要なのではないだろうか。国政であれ自治体の選挙であれ、選挙のたびに「過去最低の投票率」といった見出しが新聞紙面を飾ります。二〇一五年八月九日に投開票された埼玉県知事選挙の投票率は、じつに二六・六三パーセントでした。約四分の三の有権者が、投票所に足を運ばなかったのであり、若者に「主権者としての自覚を」などといえる資格はないでしょう。

ところが、「主権者教育」論は、どうも選挙権や選挙の大切さを教えるべきだという次元にとどまっていないようです。とくに自民党議員から主張され政府も同調している「主権者教育」論は、教育における「政治的中立性」の確保を強調するものです。違反する教員には刑事罰を科すべきだという意見もあります。なかには、カビの生えた「日教組（日本教職員組合）による偏向教育を許すな」といった主張までみられます。

「教育における政治的中立性」とは、いったい、何だろう。この言葉は頻繁に使われるほどには、明確に定義されたものではありません。ただし、その基本におかれねばならないのは、教員の人事（採用やその後の人事管理）および教科書の選択（日本の実情にそくせば検定を含む）への政党政治の介入を排除することです。つまり、権力の意思に従順な教員による教育は、いやおうなくものごとの理解を偏ったものとしてしまいます。政治の言説（イデオロギー）に異を唱えない教員とそうしたイデオロギーに満ち満ちた教科書による教育からは、社会や政治経済について客観的にみる能力――科学的な考え方といってもよいでしょう――は、培われていかないのです。

これが「教育における政治的中立性」を維持していく基本なのですが、この言葉をもとに教育の状況を批判する政治家は、とくに歴史や現代文といった教科で「偏向」が目立つとしています。たとえば、アジア・太平洋戦争における日本の行動を「侵略」とみることに異論を提示します。「侵略」ではなく西欧諸国の植民地支配からアジア諸国を解放する戦争であったと正当性を主張するのです。それは政権およびそれをささえる一部の政治集団の主張にすぎないのであって、自らの主張で教育を一色に染めようとすることこそ、「教育における政治的中立性」に反しているといわざるをえません。

教員にもとめられる「政治的中立性」とは、教室において特定政党あるいは特定政治家の支持を生徒・学生に訴えてはならないことです。これは自由な人格の形成を旨とする教育にとって当然のことであり、教員の職業倫理であるといわねばなりません。しかし、「教育における政治的中立性」は、教員の人間としての尊厳、思想・信条、言論の自由を最大限尊重するものでなくてはならないのです。教員が歴史的事件、あるいは文学者の思想などについて自らの考えを述べることまで禁止するものではないのです。それを素材として生徒・学生のあいだに活発なディスカッションが展開されてこそ教育なのです。これは教員の教える技能とも関係します。教員が専門職であるのは、たんに知識があるということではなく、こうした教育方法と技能を身につけている（つけねばならない）からです。

だいたい考えてみれば、かりに歴史教育なるものが年表の羅列と丸暗記であったならば、それはおもしろくもないし人間の歩みを理解することにもつながりません。「主権者教育」に名を借りた「教育における政治的中立性」の政治性にこそ、注目するとともに、政権の意図にそうような教育は、けっして政治を豊かにするものでないことを強調しておきたいと思います。

こうした「主権者教育」の一環なのでしょうが、政権党の意向を受けて文科省は二〇一七年度から適用される学習指導要領の作成にあたって、高校教科に「公共」を新設し履修を義務づけるとしています。一見すると、もっともな教科のようにみえます。しかし、自民党の憲法草案にみるように、現代憲法のもっとも優れた個人の権利保障である、基本的人権、言論・集会の自由などの権利保障の各項に「公共の福祉に反しないかぎり」なる言葉がかぶせられています。つまり、「公共の福祉」は定義しだいで市民の権利を制約する条件となりえます。「公共」の利益とか福祉といった言葉は、これまでにも市民の基本的権利を制約するものとして権力に使われてきました。大規模公共事業の実施は「公共の福祉」の実現だとして、それに反対ないし抵抗する人びとを権力的に排除した事例は、枚挙にいとまがありません。言論や集会の自由にしても、権力のいう「公共」に反するとして制約を加えてきたのは、この国の歴史にみるとおりです。

そもそも「公共」にしても「道徳」にしても、単独教科として文科省検定教科書にそった教育を実施し、成績判定するような――できるような――科目ではありません。たとえば、「公共」の教科書に、「電力の安定供給による豊かな生活という「公共の福祉」にとって原子力発電は不可欠」と記載されているとします。政権が「原子力発電は福島の大事故を思えば公共の福祉に反する」などと記載した教科書を検定でパスさせるはずはないのです。さて、こんな教科書に納得できないとして、異論を答案に書いたならば、どうなりますか。いうまでもなく「不可」であり履修単位は与えられないでしょう。

「公共」も「道徳」も、多くの科目を学ぶなかで身につけていく心的態度であって、単独教科として学習を義務づけ成績判定するようなものではないのです。権力による「公共」「道徳」の考えを押し付ける教育は、人びとを思考停止に追い込み、ほんとうに薄っぺらな社会をつくってしまうでしょう。「主権者教育」といった「大義」の裏側でおこなわれようとしている教育の政治性を問題視しておきたいものです。

権利教育としての基礎教育

ここで少し教育の本質にかかわる言葉を考えておきたいと思います。この国では政治・行政からマスコミそして教育学などの学問の世界、さらにはふつうの市民までが、ほとんど何の疑問ももたずに「義務教育」という言葉を用いています。しかし、小学校・中学校の六年間の学習は、「義務」なのでしょうか。というより、だれにとっての「義務」なのでしょうか。

戦前期の明治憲法には「第二章　臣民権利義務」の定めがありますが、この章を構成する一五か条のどこにも教育は出てきません。戦前期において初等教育が義務教育とされたのは、教育令なる勅令（天皇の発する法規範）によってです。主権者たる天皇の「臣民」として初等教育を受けることが義務づけられたのです。つまり、天皇に忠誠を誓う「臣民」あるいは「皇民」を育てることこそ、教育の目的とされたのです。

現行の日本国憲法は、「第三章　国民の権利及び義務」の第二六条に「教育を受ける権利、教育の義務」をもうけ次のように定めました。

① すべて国民は、法律の定めるところにより、その能力に応じて、ひとしく教育を受ける権利を有する。

② すべて国民は、法律の定めるところにより、その保護する子女に普通教育を受けさせる

義務を負ふ。義務教育はこれを無償とする。

この憲法の規定にみるように、現在の憲法のもとでは、「教育を受けること」は国民の権利なのです。そして、国（中央のみならず自治体という政府）と保護者にこの権利を実現する義務を負わせているのです。主権構造の根本的転換に配慮することなく、いつまでも「義務教育」という言葉を用いることは間違いです。「権利教育」といい換えるべきです。このことを早くから指摘したのは、作家の小田実（まこと）です。けれども、小田実の問題提起はほとんど省みられないままです。「義務教育」という言葉が一般化するから、こどもの権利がないがしろにされ、「登校拒否」へのケアは満足におこなわれず、いじめや自殺といった悲劇が繰り返されるのです。そればかりか、「主権者教育」でも述べたように、政治による教育への介入や政権や文科省の決めた教育に「従わねばならない」という集権的教育がさしたる疑問もなく浸透してしまうのです。

その一方で、「義務」を負う側は、「無償とする」を守ってはいないのです。さきにもふれましたが、「学校給食は教育である」というならば、学校給食費を支払えないこどもたちに給食を提供しないのではなく、無償で提供すべきなのです。教科書こそ無償配布が実現していますが、学習に伴う教材費は相当な金銭的負担です。遠足・修学旅行もタテマエは「校外学習・教育」です。しかし、現実には経費負担から参加できないこどももいるのです。

わたしは、この本で「義務教育」という言葉は使いません。「権利教育」という意味を込めたうえで、以下の記述は「基礎教育」という言葉のもとに進めます。同時に、読者のみなさんと一緒に「義務教育」という言葉を社会から追放していこうではありませんか。

上からの「愛国心教育」

日本の政治家や経済人は、「日本は先進国」と何かにつけて語ります。しかし、先進国のなかでこれほど教育の中央集権が目立つ国もないでしょう。

二〇〇六年に成立した第一次安倍政権は、基礎教育の国家主義的再編にさっそく着手しました。戦後日本の民主主義に立脚した教育の実現を目的にかかげた教育基本法を全文改定し、愛国心教育を基礎教育の重要な柱に位置づけました。安倍晋三らの右派政治家は、社会の秩序が乱れ「国家」を考えない利己主義的行動が顕著になったのは、戦後教育が個人の権利や尊厳ばかりを重視した教育をしてきたからだ、と考えるわけです。また戦前期日本の歩みを「否定的」に描く歴史教育は、国を敬う気持ちを失わせてきた、日本という国を誇りに思う教育をせねばならない、とするわけです。多くの異論や反対の声が上がりましたが、教育基本法は全面改定されました。

これを前後するころから学校の公的行事における「国旗」「国歌」の掲揚・斉唱が、違反する教員への懲戒処分を伴ってもとめられるようになります。さらには、政権の意にそうような歴史教科書が、徐々に採用されていくことになります。そして「道徳」が単独教科として実施されるにいたるのです。

ところで、「国を愛する心」とは、何だろうか。集団的自衛権の行使を定めた法制へ反対する人びとに、「非国民」さらには「国賊」という卑しい言葉が投げかけられます。在日韓国・朝鮮の人びとに「日本から出ていけ」と聞くに堪えがたい言葉を浴びせるデモが、平然とおこなわれています。こうした言葉を口にする人びとは、自分を「愛国者」と思っているのかもしれませんが、それは「愛国心」などではありません。逆にいうと、こうした偏狭な他の民族への差別や政治権力への「盲従」がまかり通ったならば、その国は破綻の道を歩みます。それはすでに七〇年前に経験していることです。政治権力が「愛国心教育」をいう怖さも、まさにそこにあるのです。

日本は「単一民族国家」だということ自体、歴史的にみて間違いですが、とくに現代では、まさに目にみえるかたちで、言語、宗教、文化などを異にする多くの民族がともに暮らしています。日本文化の「優位性」もいわれますが、ほんとうに日本固有の文化なるものが、どれほどあるでしょうか。中国・朝鮮半島から伝わってきた文化や宗教は、モデファイ（部分修正）されながら日本的なるものとして定着をみているのです。さらに「日本」と一口でいいますが、まさに地域をみれば言葉を筆頭として文化は多様です。標準語は作家・井上ひさしが戯曲『國語元年』（中公文庫）でみごとに描いたように、明治になっての「人造語」なのです。

国を愛するという精神的態度は、その国に暮らす多様な人びとの共生を基本とせねばならないのです。それによって一定の国土において経済・社会システムをともにささえていくことなのです。ですから、「愛国心教育」なるものによって独善的なイデオロギーを植え付けるものであってはならないのです。

教育行政システムの民主化

政権の政治・政策指向が「基礎教育」の先端までかんたんにいきわたる教育のシステムをみておくことにしましょう。

戦後の政治・行政や経済・社会の民主改革の一環として、天皇制をささえた教育にも大きな改革が加えられました。教育基本法の制定に加えて一九四八年七月に教育行政の民主化・分権化をはかるために教育委員会法が制定・施行されました。これはＧＨＱが招いた米国教育使節団の報告をもとにして、ＧＨＱと文部省の協議が繰り返されまとめられたものでした。「基礎教育」は基礎自治体の仕事とされ、都道府県および市町村には、教育委員会法にもとづいて住民の直接公選による教育委員からなる教育委員会が設置されることになりました。教育委員は都道府県七人（うち一人は議会選出）、市町村五人（同）とされ、一九四八年一〇月にまず都道府県、五大市（大阪、京都、名古屋、神戸、横浜）に設置されました。市町村が教育委員会を設置することは、この段階では任意とされたのですが、千葉、富山、浦和（現・さいたま）など四六市町村がもうけました。その後、一九五二年一〇月にすべての市町村に設置が義務づけられたのです。

教育委員会法のもとの教育委員会は、首長からの独立性の高い行政委員会でした。教育委員会は、それぞれの自治体における学校をはじめとする教育機関の設置管理に権限をもつとともに、教科書の選定を含めて教科の内容を決めることができました。また、市町村立学校、都道府県立学校の教職員人事権をもち、教育にかかる予算や条例について原案を作成し、議会に提出できるとされました（首長に異論のあるばあいには首長は別途予算案、条例案を提出せねばならない）。こうした独立性の高い教育委員会委員の選挙権・被選挙権は、それぞれの自治体の有権者でした。また、これがのちに保守政権によって問題視されるのですが、被選挙権は公務員である教員にも認められました。教育委員会には、委員会の指揮監督のもとに事務局を統括する教育長がおかれましたが、かれは委員会によって任命されました。

しかし、こうした教育委員会制度の見直しの動きは、連合国軍による占領下の一九四〇年代末からはじまります。GHQの中心であるアメリカは当初、日本占領政策の基本を民主化におきましたが、米ソ冷戦の緊張が高まるにつれて日本を北東アジアにおける軍事的拠点と位置づけ、戦後改革の修正をはかります。それは一九五〇年六月に朝鮮戦争の戦火が開かれるとさらに加速します。一九五二年にはサンフランシスコ平和条約によって日本は独立しますが、同時にそれはアメリカを中心とした陣営に日本を組み込むものでした。そして、占領期の民主改革は、多くの面で修正されていったのです。

教育委員会法の廃止と集権性を強める教育行政

教育行政面でも一九五六年に教育委員会法は廃止され、地方教育行政の組織及び運営に関する法律（以下、地方教育行政法）が制定されます。教育委員会制度の「改革」が議論され出したのは、日本独立を前後するころからでしたが、この法律の衆議院本会議の採決は、警官隊が導入される大混乱のなかでおこなわれました。

教育委員会法の廃止を追求した政権・文部省の目的は、いうまでもなく教育にたいする集権的なコントロールのしくみをつくることにありました。対外的には、教育委員に多数の教員が選出されており、教員の労働組合である日教組の偏った教育支配がおこなわれていると強調するものでした。もっとも、戦後民主化による教育行政の民主化は、あまりに大きな変化であり、地方の教育委員会が能力的にも追いつけなかったことも事実です。しかし、政権と文部省はそれをゆっくりと育てるのではなく、自らの復権へ結び付けようとしたのです。

さて、基本的に今日につづく地方教育行政法によるしくみは次のようなものでした。第一に、教育委員会制度そのものは廃止されませんでしたが、委員の直接公選は廃止され、首長が議会の同意をえて任命するとされました。第二に、文部省ならびに都道府県教育委員会の市町村教育委員会へのコントロールが強化されたことです。それは学校管理から教科の編制など広範囲におよびます。第三は、じつはこれこそが核心的部分なのですが、都道府県教育長は知事による任命に先立って、文部大臣の事前承認を必要とするとされ、市町村教育長は教育委員のなかから教育委員会会議によって任命されるのですが、それに先立って都道府県教育委員会の事前承認を必要とするとされました。教育委員会はタテマエからいえば教育長を監督できますが、かれらは非常勤職です。教育長は常勤職ですからまさに実権を握っているのであり、文部大臣の事前承認は、タテの事務局支配を意味するのです。第四に、教員の人事権は都道府県教育委員会（政令指定都市についてのみ市教育委員会）におかれました。実際には、教育長を長とする都道府県教育庁に人事権が握られたのです。そして第五に、教育委員会法時代に教育委員会に認められていた予算と条例の提出権限は失われ、首長の権限とされました。

文部省・文科省は「教育行政は指導・助言・援助行政だ」といいます。たしかに、公権力を背景とした文部官僚による指揮命令権限はごくわずかです。とはいえ、都道府県の教育長から構成された全国都道府県教育長協議会という組織があります。この団体は文科省の近くに事務所を構えています。協議会には六つの部会がつくられており、文部官僚と教育政策の基本を協議しています。ここでの決定が、都道府県教育庁でより具体的な実施方針とされ、市町村教育委員会（事務局）—学校長に伝達されているのです。指導力不足教員の判定、教員の業務判定、学区の自由化などは、ここでの文科官僚との協議によるのであって、こうした意味での「指導・助言・援助」なのです。都道府県教育庁で教員人事などをおこなっているのは、教員から教育長に引き上げられた「エリート」教員であり、教育庁に登用されることは、「出世」コースだとされています。

一方で、学校の教員は授業の計画から児童・生徒の学習・生活指導、成績の判定、部活動の指導などについて教育委員会事務局や学校長からきびしく監督されています。また、教員は一年間の教員としての活動の自己目標をたて、年度末に自己評価を提出せねばなりません。その後、第一次評価（評価者は通常教頭）をへてAからDの最終評価（評価者・校長）がくだされることになっています。評価結果は、当然のことですが、教員たちの将来を左右することになります。「管理教育」はいまや生徒の管理のみではなく「教員管理教育」の色彩を濃くしているのです。こうして、学校の管理者、教育委員会事務局の、もっというなら文科省の方針に従順な「よい先生」＝「できる先生」が、学校現場で多数輩出され、ユニークな学習をこどもたちと試みようとする教員は、少数派となってしまうのです。

こうした集権的な教育行政のもとでは、こどもたちは学校の「主人公」ではなく、政治と行政が「教え育てる」客体（対象）でしかないのです。こんな教育行政システムでは、たがいに学びあい、たがいの人間性を尊重し、知識を深めつつ豊かな感性を養い、生活者そして社会人としてのルールを身につけることはできなくなってしまう。それがさきに述べた「無邪気なエリート」につながっているともいえるのです。

地方教育行政法の定めるシステムには、二〇〇〇年と二〇一四年に「若干」の変更が加えられました。二〇〇〇年の変更のもっとも大きな点は、都道府県教育長にたいする文科大臣の事前承認は廃止され、首長が議会の同意をえて任命する教育委員のなかから教育委員会が任命する方式となったことです。また市町村教育長にたいする都道府県教育委員会の事前承認も廃止されました。二〇一四年の改定は、教育委員長職を廃止し、首長が議会の同意をえて任命する教育長が、教育委員会を主宰するとされたことです。また、首長のもとに教育長、教育委員を加えた総合教育会議をもうけ、自治体の教育政策を決めるとされたことです。しかし、とりわけ二〇一四年の改定は地方教育行政の定めるしくみを変更するものでなく、タテの行政は揺るがないでしょう。

市民自治による基礎教育のしくみをつくる

日本の教育学者の多くは、戦後改革のなかでつくられた直接公選制の教育委員会を復活させるべきだといいます。それによって教育への民衆統制と教育の政治的中立性が可能となるといいます。このようにいう教育学者たちは、文科省の教育政策（たとえば全国学力テストや道徳教育の教科化）に批判的ですが、不思議なことに、文部科学省さらにそこから下降するタテの行政系列（教育への事務局支配）には、まったく言及しません。教育の民衆統制が教育なる営みに不可欠なのは当然です。ところが、集権的な教育行政の頂点に位置している文部科学省は、内閣のもとの行政機関であり文部科学大臣は閣僚です。ここから下降するタテの行政が教育行政の中軸であるならば、教育行政が政治的に中立であるわけがなく、民衆統制も機能するはずがないのです。

戦後改革時に日本政府はあらたな行政機構を考える組織（行政調査部）をつくりました。そのなかで天皇制教育を担った文部省の存続はGHQが許さないだろうとして、文部省を内閣から独立した行政委員会である中央教育委員会と、内閣の下の学芸省に分割・再編成する案をまとめています。しかし、いまだに歴史的史料に裏づけがなく謎のままですが、GHQは文部省の存続を認めたのです。歴史にイフを持ち込むことには慎重でなくてはなりません。とはいえ、かりにこの日本側の構想が実現していたならば、これまで述べてきたような文部科学省を頂点とする行政機構を通じて政権の意図が基礎教育に伝達される教育のしくみは、かなり様相を異にしていたはずです。

こどもを主人公とした新しい教育システムに問われているのは、教育行政の徹底した分権化による市民自治にもとづく教育を実現することです。わたしはかねがね学区単位に学校委員会をつくり、学校運営の基本目標・運営、教科の授業内容などの責任を負うシステムをつくるべきだと述べてきました。学校委員会は校長・教員・こどもたち・学区住民から構成されます。学校の主人公であるこどもたちが、学校運営から排除されてはならないのです。現にイギリスでもフランスでも、こどもたちはこうした学校単位の組織の一員とされ、その意思がきちんと反映されるしくみがつくられています。

そして、学校委員会を包括する自治体レベルには、学校委員会の連合体がつくられ、教科や教員人事、教科書の採用などの調整を協議することになります。この前提として、公立小中学校の教員の人事は、自治体の権限とすべきです。現在のしくみでは、これらの教員の人事権は都道府県教育委員会（実際はその事務局）にあります。頻繁な自治体間異動を繰り返す教員ではなく、地域に根差してこどもたちと共に生きる教員が必要です。もちろん、自治体間の異動があってよいし、それは教員の見識を深めることにもなります。ただしそれは、あくまで自治体間の協定にもとづくもので、あくまで市町村職員としての教員であるべきです。

こんなことをいうと、小規模市町村に勤務しようという教員などいない、という批判がすぐに返ってきます。しかし、これほど小規模市町村職員に「失礼」な言葉もないのではないでしょうか。東日本大震災で親族や同僚を失ったにもかかわらず、懸命に復旧・復興に取り組んでいる職員は、けっしていやいやながら職員となったわけではありません。地域に愛着があるからこそ、職員として勤務しているのです。

基礎教育で用いる教科書は、自治体内の学校委員会間で調整されることがあってよいですが、基本は学校委員会で採用を決めるべきです。主人公であるこどもたちが教科書の選択に発言権をもち、教員や住民とともにオープンな場で決めるべきなのです。現在のしくみは市町村教育委員会に決定権がありますが、こどもはもとより教員にも決定権がありません。そもそも、文科省による教科書検定そのものが廃止されるべきであり、どのような教科書で教育をおこなうかは、教育における市民自治（民衆統制）の基本なのです。文科省さらに政権が、教科書に政治的ないしイデオロギー的意思を反映させてはならないのです。教科書について付言すると、現在の無償給付は無償貸与に改められるべきです。そのことによって、教科書は次の学年に引き渡す公共財であるとの認識が生まれるとともに、環境教育にも寄与します。

ところで、学区ごとに学校委員会を基礎とした教育行政システムであっても、それを自治体全体として統合し運用するしくみは欠かせません。学校委員会の運営経費、学校の施設設備、教職員の人件費をはじめとした教育予算の管理や教員の採用、研修などの人事管理が必要になります。これらは自治体の政治的代表機関＝首長のもとにおかれるべきものです。自治体の政治・行政制度にさまざまな問題が指摘されるにせよ、選挙による政治的代表性と正統性をもたない政治・行政制度（この文脈では教育委員会）をもうけることは、民主主義政治からの逸脱だといわねばなりません。

そもそも、学校教育は地域の福祉や保健、まちづくりから切り離して成り立つものではありません。さきにもふれましたが、学校給食費の未払いのこどもに給食を食べさせないといったことを「平然」とおこなっている教育委員会があります。「教育とは何か」がきびしく問われねばなりませんが、給食の時間に疎外されているこどもをなくすためには、保護者の生活支援が必要です。ところが、給食は教育委員会、生活支援は福祉部局という割拠性が、首長のもとで克服され統合されなくてなりません。こうしたことだけでなく、教育はいま暮らしているまちの実態を知ることでもあります。首長部局はさまざまな事業をおこなっていますが、地域のこどもたちを視野に入れた事業が必要なのです。たとえば、建設部局は大人の目線で都市公園をつくるのではなく、こどもたちの参加をえて、その目線にたった公園の設計をおこなうべきなのです。

同様のことは教員の研修にもいえます。教育という仕事が専門的な知識を必要とするのはいうまでもありません。とはいえ、そのような専門知識の研修では、地域に生きるこどもたちに「生き活き」とした教育をおこなうことはできません。他の行政分野の職員や市民たちと一緒に、広い視野からまちづくりについて学ぶ必要があります。

ところで、こうした教育行政の分権化と市民自治による教育をいうと、かならずといってよいほど、それは教育における「ナショナルミニマム」を侵すという批判が起きます。これは教育だけでなく福祉についても同じです。

ここで、この問題に立ち入っておくことにしましょう。ナショナルミニマムとは「厳格に順守されるべき最低基準」です。これと似た言葉に「ナショナルスタンダード」があります。これは「一定の望ましい標準」を意味します。したがって、教育におけるナショナルミニマムとは、すべてのこどもたちが教育を受けられるように、国の財政責任を含めて制度として保障することです。

具体的には、法律によって学齢と就学期間を定めるとともに、教育を受けさせることが保護者の義務であり、教育をほどこすことが市町村の責務であり、それを財政的にささえるのが国の責任であることを明記することです。そのうえで「教える内容」についていえば、まさに「最低基準」として、教科の種類、最低時間数、教科内容の骨子を定めることに限定されるのです。これ以外はナショナルスタンダードであって、国はモデルとしての「標準」をしめすことはあっても、具体的内容の設定は、地域の政府としての自治体の判断、もっといえば市民自治にゆだねられるべきことです。

ところが、一般にこうしたナショナルミニマムとナショナルスタンダードの峻別(しゅんべつ)ができていません。それればかりかナショナルスタンダードが、あたかもナショナルミニマムであるかのような言説がまかり通っています。学習指導要領はその典型であって、微に入り細を穿(うが)ったものとなっているのです。もともと学習指導要領は、教員への「学習の手引き」書でした。それが大臣告示とされ、さらに「法規」に準じるとされてきたのです。ナショナルミニマムとナショナルスタンダードが峻別されないかぎり、教育分野にかぎらず中央集権が支配してしまいます。

教育における地方分権と市民自治を考える基本は、ナショナルミニマムとナショナルスタンダードを峻別するところからはじまります。国の側に教育行政機関をもうける際にも、それはナショナルスタンダードを設定する機関であるべきです。それは敗戦直後に日本政府が自ら構想したように、内閣から独立した行政委員会とし社会の多様な意見が交わされる組織でなくてはならないでしょう。そのことによってはじめて、中央の「権威」をかりた集権的な体制から基礎教育が解放されるといえます。

＊　＊　＊

　これまで、日本の教育・研究がいったいだれのためにあるのかを問題視しながら、市民自治にたった教育の必要性を述べてきました。高等教育を受け、さらに研究者となるか、企業などに勤務するかはともかく、結局はものの見方や他の人びととの接し方は、基礎教育で養われるのです。それだけに、基礎教育を政権や文科省の意のままにしておくのではなく、市民の手に取り戻すことが重要であると述べておきたいと思います。

終章　将来に向けて考えなくてはならないこと

1　近い政府から立憲デモクラシーを根づかせる

「安倍NO」の大規模デモ

これまでの各章では、日本の政治そして経済・社会に進んでいる問題状況を、二〇一二年一二月に成立した第二次安倍政権の行動を主軸としながらみてきました。さすがに、二〇一四年一二月の総選挙において自民・公明の連立政権に三分の二におよぶ議席を与えたことへの「後悔」の念もあるでしょうが、集団的自衛権の行使のための立法に大規模な「反対」のデモが生まれました。東京のみならず全国で展開されるデモは、特定政党や労働組合によって組織されたものではありません。政治活動にかかわったこともなければ、もっと極端にいうと、政治的な意思表示を伴う活動を嫌ってきたといってもよいふつうの市民が、法案のもつ将来生活への「危険性」を肌で感じて参加しているのです。ですから、デモには子育て中の母親がこどもをつれて参加するだけでなく、大学生や高校生もデモの輪をひろげていったのです。

かつて七〇年代から八〇年代にかけてマスコミをにぎわせた言葉に、「生活保守主義」があります。当時、この言葉は、人びとがマイホームでそれなりに豊かな生活をエンジョイすることに関心の重きをおいているという意味でした。それゆえ、この言葉には政治や行政、社会の動きには無関心ないし疎いという批判の意味も込められていました。

いま、大規模に全国で生まれている「アベ政治を許さない」といったプラカード、ポスターをかかげたデモも、ある意味で「生活保守主義」の一類型であるということができます。誤解のないようにいうと、批判的にいっているのではありません。近い将来、こどもや友人が戦場に送られ死傷する可能性がある。あるいは他国の人間を殺してしまうこともある。それは経済的に高収入でないにしろ、たおやかな家庭や友人との生活を壊してしまうことに通じる。だから「NO」なのだ。そこには政治的イデオロギーはまったく介在しておらず、個人の生活を守ろうとする「理性」の発露だといえます。

それだけに、おそらく政権・政権党のなかの良識派政治家は、心底で「怖い」と思っていることでしょう。特定政党などに指導されたイデオロギー色の濃い運動ならば、権力を背景として懐柔や抑圧ができますが、「手の打ちようがない」というのが本音でしょう。

政治の変化は、この本でもふれてきましたが、生活の観点から周囲の他者との関係を視野に収めつつ、政治の実態と問題をみていくところからはじまります。国政や自治体の選挙は民意集約の「儀式」であって、こうした市民の眼と行動がないならば、選挙のみで変化をもたらすことはできません。この意味で、集団的自衛権の行使にたいする市民の大規模なプロテストは、日本の政治にあたらしい次元を拓く可能性を秘めているといってよいのです。とはいえ、それを開花させるためには、何が問われているのでしょうか。

エゴイストになり権利を追求する

高度の経済成長のマイナス面が全面的に現れ、日本列島が「公害列島」といわれた一九六〇年代、当時、海上保安庁の公害監視Gメンであった田尻宗昭は、四日市の公害企業との闘いを記録した『四日市　死の海と闘う』（岩波新書）のなかで、「人間は、もっとエゴイストになるべきだ」と問いかけました。

この刺激的発言から半世紀近くが過ぎようとしていますが、わたしには依然として心しなくてはならない名言だと思えます。四日市にかぎりませんが、いわゆる企業城下町では「企業あっての生活」が人びとの行動を縛ってきました。それは今日なお多くの地域にみることができます。とりわけ、原発立地自治体では「原発あってのわがまち」が支配的であり、再稼働に不安を覚える人は少なくないのですが、その気持ちを公言できない状況におかれています。企業城下町や原発立地自治体のみではなく、この国の多くの職場においても同じような状況がみられるでしょう。「サービス残業」などという不法労働行為がまかり通っているのは、「ブラック企業」といわれる実態すらあるかどうか疑わしい企業ばかりではありません。労働組合もあり外見的にはスマートな大企業で常態となっているのです。時間外手当も払われない「サービス残業」をよろこんでいる者などいません。公然とその不法性を経営者に向けて口にできないだけなのです。

そもそも、この社会で「エゴイスト」は、周りを考えない私利私欲を追いもとめる傍若無人な人間というマイナスの意味が伴っています。しかし、それはムラ型社会のなせるイメージであって、民主主義は個人の人間として生きる権利の主張を保障するところからはじまるのです。田尻宗昭がいいたかったのも、人間として生きる権利を大胆に主張しなさいということです。それは立憲政治のもっとも基本におかれるべきことです。

全国にひろがりをみる「立憲デモクラシーを守れ」という声は、安倍政権の進める憲法規範逸脱の政治路線への批判としての意味をもっています。それは高く評価せねばなりませんが、この国の将来を考えるならば、そこにとどまるわけにはいきません。「人権・民主主義・平和」は日本国憲法の重要規範です。田尻宗昭の「エゴイストになろう」、いい換えれば市民の権利を追求しようという指摘をベースとするとき、「人権、民主主義・平和」を、たんに憲法規範としてとらえるのではなく、その実現方法に考えおよばねばならないでしょう。

ところで、憲法は「国家統治の基本法」ではなく、「市民自治の基本法」である、と憲法学の理論と憲法についての一般的観念に根底からの転換をもとめたのは、政治学者の松下圭一でした（『市民自治の憲法理論』岩波新書）。

ここで少し松下圭一のいうところをまとめておきます。日本国憲法制定当時は、「国民主権」は天皇主権からの一八〇度の転換であって、多くの人びとに衝撃的であった。しかし、この転換は理論ベースでの転換を伴うものではなかった。国民主権とは何かについて熟考されなかった。理論展開は未成熟であったのだ。したがって、国民主権の具体的現れである選挙によって正統化された国家主権つまり政治機構の支配が、疑問をもたれることなく社会的に受け入れられてきた。だが、国民主権をもとにする国家主権・政治機構は、けっして絶対でもなければ誤りを犯さないものでもない。こうした状況を打ち破ったのは、六〇年代から七〇年代にかけての市民運動であり、批判と参画という市民参加は、国民主権を具体的かつ身近なものとして行使したのだ。つまり市民運動は国民主権の日常的発動の原体験であった。こうして市民自治が自治体レベル、国レベルで問われはじめた。ここにいう市民自治とは、自治体レベル、国レベルを含めた政治の構成原理を意味している。この市民自治こそが、憲法の組織原理である国民主権の中核である。市民自治は国家統治と対決する政治の構成原理なのである。国民主権の源流とされるデモス（古代ギリシャの直接民主制）は大規模社会において実現するものではない。市民自治・市民主権として政治体制を再構成することが重要である。国民主権による民主政治をただ語るのではなく、国・自治体のそれぞれの政府レベルに市民自治を確立してはじめて、言葉の正統な意味での立憲主義が可能となるのである。

この一九七〇年代半ばにおける松下圭一の逸早い問題提起は、日本の政治の現実と将来を考えるうえで、今日なお、というよりいまこそ重要だといわねばならないでしょう。国政選挙で衆議院に絶対多数を築いた政権党は、それを正統化の根拠として国家機能の強化＝軍事力の増強を推し進めています。つまり、松下のいうように、国民主権をただいうだけでは、国民主権の発動としての選挙は、かんたんに国家主権に転移してしまうのです。

ですから、世代を越えて全国に巻き起こった「戦争法案反対」「平和を守れ」という声をそこにとどめずに、個人の基本的人権を前提とした平和で豊かな社会を築くことにつなげるためには、市民自治・市民主権にもとづく政治のシステムをつくることだといえます。「人権・民主主義・平和」の憲法規範は、田尻宗昭のいう「エゴイスト」として個人の権利の追求をベースとしつつ、市民自治・自己決定権にしっかりと裏打ちされねばならないのです。

遠い政府の改革は近い政府から——自治体の政治的可能性

国政にたいするプロテストは、立憲デモクラシーの保障する抵抗権の発動です。こうした抵抗権は多様なチャンネルを用いてたえず行使されなくてはならないでしょう。集団的自衛権の行使を可能とする法制度は、多くの市民の関心とプロテストを呼んできましたが、その一方で東日本大震災から五年近くが過ぎた現在、被災地の復旧・復興にたいする政府の怠慢さや、原発事故などなかったかのような言動にたいする抗議の声は、しだいに弱まっているのも事実といわねばなりません。政府は診療所や病院の「放射線管理区域」より高い放射線量の地域に住民の「帰還」を認めるとし、帰らないのは「自己責任による選択」としています。まるで重大原発事故などなかったかのようです。

こうした無責任の体系といってもよい中央政府を変えることが、けっして容易でないのはいうまでもありません。とはいえ、わたしたちは、まさに憲法にもとづき中央政府とならんでもうひとつの政府（自治体）を構成しています。憲法第八章は「地方自治」であり四か条の条文からなっています。通常の高校までの社会科さらに大学の憲法学の講義でも、これは地方自治

（一定の区域にもうけられた団体の相対的自治とそれをコントロールする住民の権利）を、憲法保障したものとされてきました。はたして、このような説明でよいのでしょうか。

わたしたちは、日本は三権分立を基本とした民主主義政治体制の国と教えられてきました。自治体は中央政府が認めた範囲で自治的な行政権や立法権（条例制定権）を行使できるとされてきたのです。しかし、こうした解釈はあまりにナイーブです。そうではなく、憲法は全国民に責任を負う中央政府と、特定の地域の市民に責任を負う地方政府の二種類の政府を設定し、両者の対抗関係を民主主義政治体制の基本に位置づけたと考えるべきでしょう。実際、中央政府の政治制度は議院内閣制ですが、自治体は直接公選の長と議会の二元代表制（大統領制）を採用しています。

さて、このように中央と自治体との対抗関係を民主主義政治の基本と考えるならば、まずわたしたちは、身近な自治体において市民自治・市民主権を実現していくことが重要となります。それは自治体という政府機構を動かしていくとともに、市民自治として自らパブリックな領域に協働の場をつくりあげていくことです。

条例は自治体の立法です。すでにI章でふれたように、公害防止条例、情報公開条例、環境アセスメント条例などの条例が市民運動をもとに制定され、それらが自治体間に波及することによって、中央政府は重い腰を上げ国の法律として後追いしたのです。こうした歴史に照らすならば、市民は自治の観点からローカル・ルールをつくりあげ、それを横につなげることによって中央政府を動かしていくことができるのです。

市民自治による民際外交で平和をつくる

少し郊外に足を運べば、「非核平和都市宣言のまち」といった立て看板を見かけることが多いはずです。このきっかけとなったのは、一九八〇年代の米ソ冷戦のきびしい時代に地域のレベルから平和をもとめようとする市民運動でした。一九八二年、国連は軍縮特別総会を開催しましたが、これを機として草の根からの平和運動がひろがりをみました。一九八一年一一月五日に、イギリスのマンチェスター市は「核兵器を持ち込ませない」「非防備地帯」といった内容の非核平和都市を宣言し、世界の都市に採択をもとめました。この呼びかけに応えるように、日本では八二年に二一八自治体、二〇〇五年には一八七四自治体が非核平和都市宣言を採択しました（宣言率七六・六パーセント）。「平成の市町村合併」の結果、自治体数は一七八八まで減じましたが、宣言自治体は一五八七、宣言率は八八・八パーセントと増加しました（二〇一五年八月一日現在）。

非核平和都市宣言の採択とは別に、広島市と長崎市が提案した「核兵器廃絶に向けての都市連帯推進計画」に賛同する世界の都市によって、一九八五年に世界平和連帯都市市長会議（現・平和首長会議）がつくられました。二〇一五年一〇月一日現在で、一六一か国・地域、六八五七都市が加わっています。日本国内からは一五九二都市が参加しています。

ただ、非核平和都市宣言や平和市長会をもとにした地域から平和を考える動きは、残念ながら低調です。というよりはむしろ、こうした宣言の採択や市長会への参加を、積極的に市民に伝える動きが低調となっているのです。そして、自治体のもつ政治的影響力に懐疑的な読者も多いかもしれません。けれども、それはいま、復元する力をもちはじめたのではないでしょうか。集団的自衛権の行使を可能とする法体制にプロテストする市民の声がひろがっています。わたしたちは、自ら暮らす自治体がこうした宣言をしていることをふまえて、より地域に根差した平和をもとめる市民運動を展開すべきです。

安倍政権のかかげる「積極的平和主義」は、「平和」のために軍備を増強し地球の隅々まで軍隊を派遣できるようにしようとするものですが、およそ歴史を振り返るならば、そのような行動の先に人びとの生活の平和はありえないのです。しかし、こうした「虚言」がまかり通るのも、地域から「平和」を考える市民運動が力強く展開されていないからだということができます。安倍政権批判は妥当なのですが、同時にわたしたちも自省してみる必要があるように思えます。

わたしたちは基礎教育の時代から外交は国（中央政府）の専権事項だと頭に刷り込まれてきました。現職の政治家のなかからも外交は国の専権事項との声が聞こえてきます。しかし、それは古典的なといってもよい近代国家成立時の発想です。国境というバリアーを当然の存在として国家権力のみが外交を担うかぎり、国家間の紛争さらに軍事衝突は避けられないのです。

「市民にも外交はできる」として、〈People to People Diplomacy〉（民際外交）を提唱したのは、神奈川県知事でありリベラルな経済学者であった長洲一二（かずじ）です。市民と市民の積極的対話と交流、経済協力、医療・保健、環境保護、芸術文化などの多く分野において国境を越えた「外交」は可能であるし、それを深めるならば人間と人間としての平和な関係・相互理解が築けます。こうした民際外交は、市民間、民間団体間でおこなわれることに加えて、市民の政府である自治体が側面から援助することも大切です。

長洲一二が提唱した「民際外交」は、さきにみた「非核平和都市宣言」と同じように一九九〇年代には、それなりのひろがりをもちました。公害・環境制御技術の移転や医療支援、音楽祭や映画・絵画展などが実施されていきました。これらがまったく退潮してしまったわけではありませんが、いまこそ市民自治にもとづく市民外交・民際外交として国境を越えた活動を草の根から興そうではありませんか。日本国際ボランティアセンター（ＪＶＣ）、ペシャワールの会、国境なき医師団などのＮＧＯは、それぞれの活動する地域の人びとから暖かい眼で迎えられ、ともに地域の平和に貢献しています。ですから、日本の地域社会から民際外交の運動がひろがるならば、政権に代表される政治勢力が、隣国をあたかも仮想敵国といわんばかりにその軍事的脅威をあおりたてることは、意味を失っていくのです。同時に、戦後日本がかかげてきた平和主義を内実ともに豊かにすることに通じていくといえるでしょう。

「平和」という概念は、たんに軍事的紛争のない状態をさしているのではありません。ノルウェーの平和学者・ガルトゥングがいうように、それは「消極的平和」です。安倍政権がどこから、あるいはだれの知恵で「積極的平和主義」をかかげているのか定かではないですが、ガルトゥングは「積極的平和」として人権の確立、貧困の撲滅、公正な経済社会システムの構築に向けた努力などをあげています。そうした「積極的平和」はかれのいう「消極的平和」のもとに築かれるとともに、「積極的平和」が「消極的平和」の実現をより確たるものにする道だというのです。

地域から人権を守る

こう考えるならば、「積極的平和」が、国をあげて国際的に取り組まれねばならないのは当然ですが、同時に地域社会のレベルで市民自治を基本として取り組むことが大切だということになります。さきに述べた条例＝自治立法についていえば、人権の無視もはなはだしいヘイトスピーチの規制は有力な対象となります。国家主義者が中心をなす政府は、ご都合主義的に言論・集会の自由を根拠にして、ヘイトスピーチの規制に消極的です。国の法律として制定されるのは当然なのですが、政府の消極性にたいする批判にとどまらずに、市民自治にもとづきローカル・ルールを制定して国政をリードすべきでしょう。

ところで、人間としての権利を無視した動きは、ヘイトスピーチにかぎられないのはいうまでもありません。労働面において労働法制を無視した、あるいはそれに近い状況が問題視されています。すでに自治体のなかには、公契約条例として自治体と事業請負契約をむすんだ事業者にたいして、労働法制の順守をもとめる動きが起きています。労働法制の作成や実施権限は国（中央政府）の「専管」との観念が強くみられます。たしかに労働法制の基準は全国統一でなくてはならないでしょう。しかしそれは、ミニマム基準であって、それすら守られていないのが実態です。他方で政府は、国家戦略特区を設定しそこにおいては「成長戦略」の名のもとに大幅な規制の緩和をおこなおうとしています。市民の政府としての自治体が、労働法制の厳格な順守のためのローカル・ルールをもうけても、何ら法律違反ではないし、市民自治・市民福祉の観点にたって市民としての生きる権利を保障していくことができます。

ここにあげてきたのは、近くの政府で取り組むことのできる・取り組むべき事例の一部です。強調しておきたいのは、自治体という政治・行政機構を公証事務（戸籍、住民票、印鑑証明など）と国の出先機関としてとらえるのではなく、それがもっている政治的可能性の大きさです。このためには、いうまでもないことですが、自治体に参加デモクラシーを確立し、「元気な自治体」をつくっていくことが問われます。もちろんそれは自治体のみならず国全体に問われることです。それはこの章の最後に考えることにします。

2　生活者として経済社会をみる

「生活インフラ」の貧弱さ

日本の一九五〇年代後半からの高度経済成長は、人口動態からいえば、農漁村部から都市部それも大都市部への人の流れを加速するものでした。大都市部に経済的中枢機能が集中していくならば、雇用と収入をもとめて大規模な人口移動が起こるのは当然のことです。その結果、人口減少のはなはだしい地域が生じ高齢者ばかりといった状態が生まれています。しかし他方で人口を吸収してきた大都市部には、人びとがそこに安定した生活を営める条件を整えられてきませんでした。道路、上下水道、住宅などの社会的インフラストラクチャーは、たしかに経済成長とともに整備されてきました。しかし、人びとが安定した生活を営める生活者の視点にたった「生活インフラストラクチャー」ともいうべき条件の整備は、ないがしろにされてきました。

政権は「女性の輝く社会」をつくるといいます。それに呼応するかのように、一部のマスコミは、女性のビジネスリーダーや高級官僚のインタビュー記事やエッセイを掲載し、彼女たちにこれまでの努力・奮闘を語らせています。しかし、何かが違うと感じるひとは多いはずです。少なくとも「女性の輝く社会」というのは、エリートを生み出すことにあるのではなく、女性が社会人として働くことができ、結婚してこどもができても、子育てと就業が両立できる社会のはずです。ところが、大都市部に人口が大規模に移動したにもかかわらず、そうした条件は整備されないままでした。労働条件にしても正規就労の道は険しく、非正規労働、パート労働が中心を占めてきました。結果として東京の出生率は一・一五という極端な少子化をしめしているのです。

この一方で、Ⅱ章で述べたように、生活を維持するセーフティネットは不十分ですから、かつて大都市圏に流入した高齢者の生活は、困窮の度合いを強めているのです。『下流老人一億総老後崩壊の衝撃』（藤田孝典、朝日新書）という本が関心をあつめています。それは生活保護受給者にならないまでも年金や個人の蓄えでは老後生活が危ういという危機感が、人びとの心のなかに忍び寄っているからだといえます。

こうしたなかで、政権はなお「成長戦略」をかかげつづけています。それは大都市圏の「繁栄」をより一層うながすために、巨大オフィスビルの建設に向けた都市計画・建築規制の大胆な緩和、医療保険適用外の混合医療の展開などに代表される「国家戦略特区」の指定に物語られています。日本のみならず外国のグローバル企業（中心は金融・情報）を集積させようとするものです。さらに、こうした外国人ビジネスマンや日本人の高級サラリーマン家庭を対象として、家事労働のために外国人労働者を受け入れることも計画されています。他方、さすがに東京を成長戦略の拠点として発展させることへの「反発」を恐れてか、政府はⅡ章で述べたように、「地方創生」を推進するとしています。けれども、これについては再論しませんが、ある意味で「ミニ東京」をいくつかつくるものです。

「成長戦略」での富の増殖があれば、やがては全国の「衰退」した地域に滴り落ちて豊かさを回復するという期待が、人びとのなかに残っているかもしれません。けれども、グローバル企業の拠点たる東京では、とりわけ若者や女性、高齢者の「貧困」が進行していきます。金融を中心とした一種の投機経済のもとでは、富はごく一部のグローバル金融企業に集積していくのであって、市民の生活の豊かさにはほど遠いといわねばならないのです。こうして、「成長戦略」も「地方創生戦略」も、生活者としての市民の視点にたっていないのは明らかです。わたしたちは、経済社会のあり方をみる別の視点をもたねばならないのです。

巨大技術から適正技術へ

依然として一九六〇年代の「成功」の夢を追うがごとく、市場原理主義による経済の成長が追求されています。それが人間の生活の「豊かさ」に通じないことは、さまざまな局面で痛感させられてきたのですが、安倍政権の経済政策に高い期待がみられるのも事実です。

いま、考えてみたいのは、「生活の豊かさ」とは、何だろうかです。たしかに、一定の生活の利便性を確保する所得が必要とされるでしょう。これはこの国をマクロにみるとき、かなりの程度まで達成されたといえます。もちろん、「現代の貧困」が深刻であるのも事実ですが、それにはのちに述べるように、政府・公共部門の改革やあらたな非営利セクターの対応で解決ができます。新自由主義がそれを放棄していることが問題なのです。一定の生活水準が実現した次に人間が「生活の豊かさ」あるいは「幸福」を感じるのは、経済システムの客体ではなく、それをコントロールする主体へと転換したときといえるでしょう。少なくとも、生活をささえる経済をコントロール可能と認識するときです。

つまり、参加と分権の経済システム、いい換えると福祉型経済システムへ移行しなくてはならないのです。このとき重要となるのは、これまでの産業社会・経済社会をささえてきた巨大技術から適正技術への転換を進めることだといえます。

ここにいう巨大技術はテクノロジーだけを意味しませんが、まずテクノロジーとしていうならば原発などその典型です。およそ人間の手にあまる技術を信奉し、経済の成長をうながすために必要とされてきましたが、それがいかに「虚構」であったかは、二〇一一年三月の原発の重大事故が語るとおりです。巨大技術は原発に代表されるテクノロジーに限定されません。政府・公共部門の組織・企業組織の管理技術もまた、そのなかに入ります。こうした管理技術は人間を組織の部品としてとらえ、組織としての、あるいは生産の効率性を第一義としていることは、改めて指摘するまでもないでしょう。そこでは人間はまさに客体であって主体ではないのです。

このように考えるならば、これからの社会において真剣に追求せねばならないのは、人間の手がおよぶ、つまり制御可能な技術の追求であり、地域の個性的・自立的発展に寄与する適正技術だといえます。

さて、少し硬い話になりましたが、じつはこうした適正技術を用いた経済社会システムが、市民によってつくられはじめています。原発との関連でいうならば、自然エネルギー（再生可能エネルギー）による発電をめざした市民発電所が各地でつくられ、相互の交流もおこなわれています。太陽光発電や風力発電については一部の大企業が大規模な発電所を設置しているのですが、発送電の分離と電力販売の自由化が確実に進むならば、市民発電所による「地産地消」の電力体制をつくりあげていくことは十分に可能です。政権は原発の再稼働や新規原発の建設を進めていますが、巨大技術にたいするオールタナティブ（代替）としての適正技術が正当性を獲得していくことでしょう。

組織管理技術としての巨大技術に対抗する動きとして、ＮＰＯやボランティア・セクターの台頭をあげることができます。ＮＰＯやボランティアの活動領域は、じつに多様です。なかでも移送サービスは、新自由主義による公共輸送事業の大幅な規制緩和に対抗する意義をもっています。公共交通とりわけバスは、すでに述べたように事業者の経営上の都合で撤退することが可能となっています。しかしそれは人間の「移動の権利」を奪うものです。こうした状況の進展を眼の前にして「移動の権利」の保障に市民は立ち上がったのです。子育てや介護、ＤＶ（ドメスティック・バイオレンス）の被害者や虐待を受けることどもを援助するための相談やシェルターの運営も、ＮＰＯ・ボランティアにささえられています。そして、これらのＮＰＯ・ボランティア・セクターを組織管理の観点からみるならば、参加者相互の顔のみえる、つまり市民の横の連携・連帯が事業運営の基軸なのです。ＮＰＯ、ボランティア・セクターが市民による公共空間をつくりあげていますが、それらは政府が未着手か、あるいは主たる事業対象としてこなかった領域です。この意味で市民自治は着実に歩みをはじめています。

こうした市民によるＮＰＯ・ボランティア・セクターがひろがるならば、政府・公共部門もまさに市民によってささえられているのですから、変わらざるをえないのです。ＮＰＯやボランティア・セクターは、いうまでもなく政府機構ではありません。その層を厚くすることが問われていますが、市民の生活の安定には税の再配分をはじめとする福祉システムの充実や営利活動にたいする規制を必要とします。再生可能エネルギーによる電力の供給にも、政府としての自治体が市民の活動を財政面や技術開発面において援助していくことが必要とされているのです。つまり、政府機構にたいする積極的参加を試みることで、名実ともに「市民の政府」をつくりあげていかねばならないのです。

顔のみえる福祉システムをつくる

日本の社会にはすごいスピードで高齢化が進行しており、少なくとも今後二〇年は、高齢化というプレッシャーから逃れることはできないでしょう。高齢化はたんに「年寄り」が増加することを意味するのではなく、若年層の生きる経済社会条件にきびしい制約を課していくことになります。テレビドラマやドキュメンタリーがときに描き出すように、高齢者介護のために離職したものの生活に疲れ果ててしまう状況が、続出しています。逆に、失業した若者が高齢化した両親のもとに身を寄せたものの、両親も国民年金で生活しており家族の崩壊に結び付いてしまう、というのも実際です。

すでに随所で述べてきましたが、政権はこの国が先進国であり、これまで以上の成長を遂げなくてはならないといいます。しかし、ＧＤＰで経済先進国であるとしても、足元をみるならば、日本は「福祉小国」もっといえば「福祉貧困国」といわねばならないでしょう。いかにすれば、高齢者のみならず多世代が、自らの尊厳ある生活を送れるかが、政治の追求すべき価値

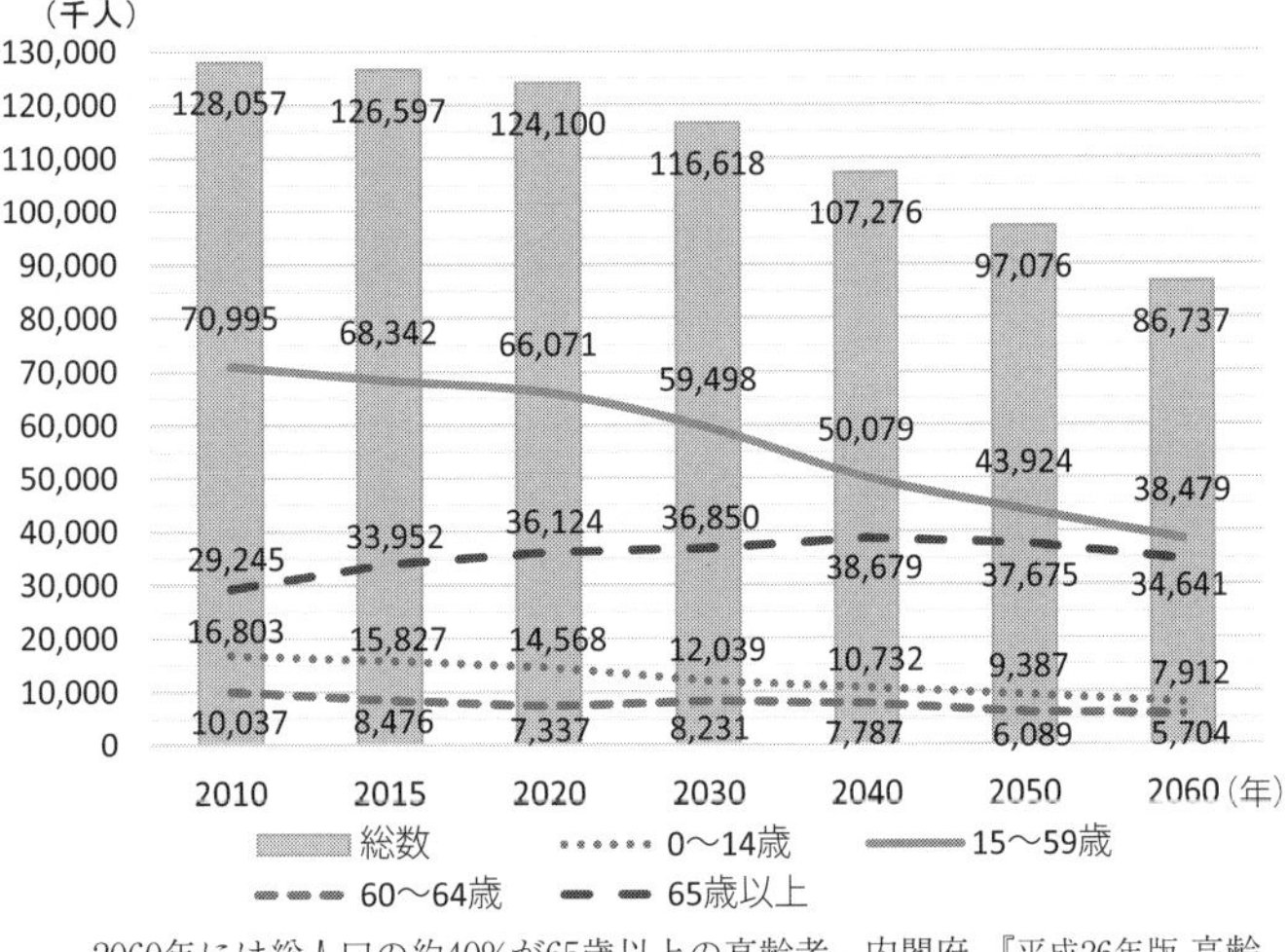

2060年には総人口の約40%が65歳以上の高齢者。内閣府 『平成26年版 高齢社会白書』「図1-1-3　年齢区分別将来人口推計」にもとづいて作成。

でなくてはならないでしょう。

二〇〇〇年四月から鳴り物入りで介護保険制度が施行されました。これは市町村を保険者として六五歳以上の要介護高齢者に施設ならびに在宅での介護サービスを提供するものです。被保険者は四〇歳以上の人びとです。要介護認定を受けてケアマネジャーのケアプランにしたがった施設入所や在宅での介護サービスを受けるものです。どのような組織をサービス提供者とするかは、制度構想時に多様な意見が交わされましたが、結局、社会福祉法人はもとよりNPO、株式会社も事業者としての認定を受ければ、介護サービスに参入できることになりました。公的保険ですから医療保険の診療報酬と同じようにサービスごとの単価が政府によって決定されており、サービス事業者は保険者である市町村から介護報酬を受け取ることになります。ただし、サービスの対価の全額が保険でまかなわれるのではなく、施設サービス、在宅サービスの双方ともに、サービス受給者の自己負担が必要となります。

介護保険の導入から一五年が経過し、保険料の設定、介護報酬、受給者の自己負担額は、変化しています。詳細ははぶきますが、傾向としていえるのは、受給者とりわけ施設入所者の自己負担額（ホテルコストともいわれる）は重くなり、介護報酬は引き下げられてきました。また、制度導入時には要介護度はI～Vとされてきましたが、二〇一〇年度から要介護の下のカテゴリーとして要支援I・IIがもうけられ、さらに要支援事業の一部が自治体の仕事とされました。

一見すると、高齢者介護のすぐれたシステムのようにみえるのですが、じつはこの制度は、まさに高齢者介護という市場をつくるものであり、それだけに「介護難民」といわれるように、施設の設置が進まずに、あるいはホテルコストの高いゆえに、サービスを受けられない要介護者を生み出しています。在宅や通所サービスにしても量と質の悪さが問題視されているのです。

もともと、一九九〇年の老人福祉法や老人保健法などの福祉八法の大改正では、「市町村重視の原則」にもとづいて高齢者介護は市町村の仕事とされ、すべての市町村に抽象的文言ではなく実際の数値を入れた老人保健福祉計画の策定が義務づけられたのです。

ところが、この日本の福祉の歴史にてらして「画期的」であった改革は、財政見通しが立たないことを理由に放棄されます。そして市町村を保険者にするというかぎりで「市町村重視の原則」を引き継いでいるように装いつつ介護保険を導入し、高齢者介護の一大市場化が導入されたのです。まさに新自由主義がここでも大手を振るったといわねばならないのです。

高齢者介護という人間の尊厳にかかわる行政活動を市場化すべきではないのです。一九九〇年にいったん構想されたように、市民の政府である自治体がサービスの内容からシステムをきちんと統御すべきです。いまのシステムでは、自治体は保険者つまり保険の財政上のたんなる管理者であって、サービスの内容は営利企業も含めた事業者に負っているのです。自治体が中軸となったサービスの供給は、そのすべてを公務員が担うという意味ではありません。市民自治にもとづき高齢者保健福祉計画を策定し、事業者をきちんとコントロールすることですし、必要な経費を財政から支出することです。このことによって「介護難民」「介護疲れ」という、あってはならない問題状況を解決するならば、より若い世代の負担の軽減に寄与するだけでなく、すべての人びとが自らの目標に向けて設計図を描くことを可能とするでしょう。

もちろん、若年層の五人に一人が相対的貧困とされる状況ですから、Ⅱ章で述べたように、きちんとしたセーフティネットがつくりあげられなくてはなりません。少し再論しておくならば、政府の福祉サービスを受けることは、「恥辱」なのではなく憲法上の「当然の権利」との認識を、すべての人びとが共有することです。そのうえで、現行の生活保護法と生活困窮者自立支援法を統合したシステムをつくることです。生活保護法にいう「生活扶助」は日々の生活費ですから現金給付が当然ですが、それ以外の「扶助」は現物給付つまり公的サービスとすべきです。

また相談や就業斡旋は、NPOとの協働関係を築きつつ「市民の政府」である自治体の責任でおこなわれるべきなのです。現行の職業安定所（ハローワーク）は厚生労働省の地方機関とされているばかりか、そこが有している情報は自治体に提供されていません。職業紹介・就労斡旋が「国民国家」の責任というのは世界的標準です。ですが、この国民国家（National Government）は中央政府（Central Government）のみをさしているのではなく、地方政府（自治体）を含みます。ですから、政府のもつ雇用情報の共有は当然のことなのです。それによる雇用情報へのアクセスを容易にすることが問われているのです。

中央・地方の政府を機軸とした高齢者ケアシステムの再構築や相対的貧困状態にある人びと

への福祉サービスの充実は、人が人間として生きる基礎的条件をつくるものです。しかし、それへの公的財源の投入には、「財政逼迫を推し進める」、「怠惰な人間をつくるムダ遣い」という声がすぐに聞こえてきます。しかし、考えてみてください。二〇一五年度の防衛（軍事）費の予算は五兆円を突破しています。集団的自衛権行使の法制度が成立しアメリカなどとの共同軍事行動が可能となったことで、軍事装備品の高度化とそれによる「自国民の平和」という奇妙奇天烈な論理のもとで、軍事費は今後ますます増大していくでしょう。「大砲かバターか」は、けっして過去の命題ではありません。いまこそ、ひとの命と生活を豊かにするために、再生させねばならない命題だといえます。

小さくともよい、地域からの起業

「ブラック企業」などといわれる企業経営をきびしく監視していくことに多くの声をあげねばなりません。それがないならば、企業の労働組合や労働基準監督署が、能動的に対応することはないといえます。

こうした既存の企業における労働環境の整備による質のよい労働と収入の確保とならんで、それぞれの地域に人的かつ環境的資源を生かした事業を興すことが問われています。カルビー相談役でNPO法人「日本で最も美しい村」連合の副会長・松尾雅彦は、著書『スマート・テロワール　農村消滅論からの大転換』（学芸出版社）で、じつに興味深い提言をおこなっています。かれはいいます。「日本は瑞穂の国」などという観念にいつまでも浸っているべきでない。荒れるにまかせている大量の休耕田を牧草の畑地として再生し、それをもとに牧畜業と乳製品などの加工工場をつくるべきだというのです。それによって休耕田を生産緑地として再生するだけでなく、背後の消費者とのあいだに生産と消費の循環をつくるべきだとするのです。この経済循環をつくることで、牧畜業そして加工工場での雇用の口を創出でき、女性の雇用も大きく改善されるとしています。

じつに、夢のある構想ではないでしょうか。かれは重農主義こそ日本に問われるといいますが、少なくとも衰退ばかりが強調される農村・農業にあたらしい光をあてることができるでしょう。こうした構想を実現に移す地域が多数現れてほしいものです。

松尾のいう構想は漁業にもいえます。島根県海士町をはじめとして、漁獲のみから脱したより付加価値をつける漁業が各地で試みられています。また森林についても、たんなる伐採ではなく木材として加工し、建築資材や木工品・家具として大消費地に市場を開発する動きがひろがっています。一方において、大都市に目立つ空き家をカフェや画廊、ミニコンサート・

ホール、年寄りのデイケアホームとして再生し、いわゆるコミュニティビジネスと市民の憩いの空間とする取り組みがみられます。

大量生産・大量消費・大量雇用は、それ自体として限界につきあたっているからこそ、大都市圏での失業・劣悪な労働、農山村部での疲弊が問題視されているのです。ひとつひとつは小さな事業だとしても、顔のみえる生産と消費のサイクルをつくることによって労働そのものが輝きをまし、わたしたちは「生きる」ことの意味を確認することができるといえるでしょう。

3　政治の改革に問われるもの

集権的かつ独善的な政治に対抗する

これまで、憲法は「市民自治の基本法」という松下圭一の言葉を基軸として、市民自治による地域における活動が、政治の活動の基盤をささえるといいました。立憲デモクラシーの確立に通じるのみならず、市民自治・市民福祉による顔のみえる地域社会の創造が問われていることを述べてきました。こうした努力を積み重ねることが、民主主義と人権があたりまえとなる国をつくるといえます。

とはいえ、こうした記述には「隔靴掻痒」と感じる読者も多いことでしょう。けっしてそうではないことを、説明しておきましょう。

集団的自衛権の行使のための法制度の制定に向けた政権の言動は、憲法そして民主政治にたいする政権による「クーデター」であるといってもいい過ぎではないでしょう。わたしが集団的自衛権行使の法制度を審議する国会での安倍首相の言動を見聞していて疑問に思うのは、「私が首相だから」という発言の目立ったことです。法案の矛盾点を問われると質問に一方的に答え、それが正しいのは「私が首相だから」というわけです。憲法違反でないかとの質問にも、「違反ではない、私が首相だから」が頻発されました。市民自治の基本法たる憲法は、自治体の権力者はもとより国政の最高権力者の行動を縛るものであって、権力者の政治的信条にもとづく「自由な」行動を保障するものではないのです。

また「決めるときには決める」として、法案を強行採決にもちこんだわけですが、ここには「民意」にたいする慄きの念はまったくみられません。過半数を超える与党議員のみが「民意」ではありません。「それでは代議制民主主義とは何なのか」という批判がすぐに飛び出してくるでしょうし、実際にも与党政治家や一部のマスコミは、そのような論調を強めています。けれども、国会内多数派が「民意」であり、国民はその決定に従え、という論理が成り立つためには、かれらが代表に選出される国政選挙で、当選後に何をするのかを、丁寧に説明していなければなりません。集団的自衛権の行使と海外への自衛隊の派遣・武力行使という国のまさに生き方の根幹にかかわる重要問題について、安倍首相も自民党議員も連立を組む公明党も、二〇一二年、二〇一四年の衆院総選挙、二〇一三年の参院議員選挙で、あらたな憲法解釈をしめし有権者の判断をあおがなくてはならないはずです。その結果としての多数派の形成が最低限の前提条件です。

ところが、それはまったく隠され、もっぱら「成長戦略」による経済再生一本やりでした。どのように弁明するにせよ、これは民主政治の「冒瀆（ぼうとく）」なのです。地域の政治に市民としてかかわることによって、政治家の民主政治についての「虚実」を判断できますし、次回の選挙で民主主義への倫理と感性を欠いた政治家を落選＝退場させることができます。代議制民主主義を超然的な制度としてはならないし、それはわたしたちが地域から公共問題を考えることによって回避できるのです。

また「われわれは国会内多数派であり、われわれが「民意」だ」という論理は、政治家としての資質の欠如をしめしています。政治の環境はたえず変動します。選挙時に予期できなかった事態が生まれることもあります。東日本大震災や原発の重大事故の発生は最近の典型でしょう。逆に、選挙で公約していない重要政策の変更を強引におこなうことによって、政治批判の「民意」が沸騰することもあります。このようなとき、政治家・政治はどのように行動するべきでしょうか。答えは「簡単」です。あらたに生まれている「民意」の本質を見抜き、大胆に既存の（あるいは作成中の）政策を変更することです。

しかし、いまの政権にはそれができていない。原発は再稼働させベースロード電源として位置づける。自衛隊を海外に派遣し戦闘させることが日本の平和を盤石にする道である。このように政治は硬直しています。

では、この状態をどうするのか。これまた答えはある意味で簡単です。政治家は東京の国会議事堂あるいは首相官邸という「天上のお屋敷」に暮らしているわけではありません。かれらはもっとも恐れる「選挙区」という屋敷と「東京」を往復しています。かれらに選挙区の「領主」であるかのような幻想を与えてしまっているのは、かれらへの「陳情」（お願いごと）をしても、かれらとの討論を積極的に設定してこなかった、わたしたちの責任でもあるのです。そのような場を設定しても拒否されると考えてしまうかもしれませんが、かれらが怖いのは選挙民なのであって、拒否しつづけることはできないはずです。所属政党がどうであれ、かれらとの討論を重ねることによって、かれらの思考や感性に柔軟性が生まれるでしょうし、それでもダメと判断するならば、かれらを退場させ、市民の政治を担いうる人間を送り出せばよいのです。市民自治とは市民こそが政治の主人公なのであって、国会議員などは「使用人」にすぎないことを確認することで輝きを増します。

ここで、少し付言しておくと、公職選挙法が禁止している戸別訪問を解禁することです。公職選挙法は政治家「性悪説」に立っており、戸別訪問をゆるせば買収・供応がまかりとおるとして、戸別訪問を禁止してきました。しかし、〈Face to Face〉の議論は、いかにＩＴ技術が進歩しても、人間の真贋（しんがん）を見抜くうえで他に勝るものはありません。わたしのイギリス・シェフィールドでのわずかな経験をいえば、三、四人のグループで候補者が訪ねてきて資料をもとに自らの経歴や政治信条・政策を説明していきました。「私には選挙権はない」といっても意に介さず説明をつづけました。そのときの対話・議論はイギリス政治を理解するよい機会になりました。こうした対話型の政治は、とりわけ昨今の独善性をきわめる日本政治に導入されるべきです。

連帯感あふれる市民の政府をつくる

地方分権改革が日本政治の重要な課題とされたのは、一九九〇年代でした。これは国政の相次ぐ政治スキャンダルを受けて、集権的な行政・財政の制度を分権化し、自治体を市民による政治の基盤とする意味をもっていました。

しかし、それから二〇年余の時間が経過しています。たしかに自治体の行政権限は増したものの、首長たちの多くは自治体を中央政府に対抗する政治の場とする気概をもっているとはいえない状況にあります。首長たちは財政力の弱さをかかげ、その改革よりはむしろ中央への依存を強めているといえます。あるいは、地方分権を市民自治の確立ではなく、自らの権限・政治権力の強化と勘違いし、独善的な行動を濃厚としている者さえいます。

一方において、これまで述べてきたように、市民の地域づくりにたいする活動はひろがりをみています。こうした市民の活動をより推し進めていくためには、制度的基盤を必要とします。つまり、自治体を市民の政府として構築することです。

九〇年代以降の行財政制度の改革に「固執」した地方分権改革ではなく、あらたに市民の政府をつくる運動が展開されねばならないでしょう。中央政府にきちんと物申す、中央官庁の法令解釈に従順に従うのでなく、地域から法令解釈とローカル・ルールを打ち立てる、同時に自治体間の横の連帯を築く。そのような市民の政府を必要とするのです。在日米軍基地の七割強が集中する沖縄県は、翁長雄志（おながたけし）・知事を先頭として、あらたな基地の拡張にたいして拒否を鮮明にしていますが、これに連帯する首長はきわめてかぎられているのが実態です。沖縄の問題を「辺境の地」の事態として傍観することは、政権が集団的自衛権の行使を基軸とした軍事的安全保障政策を進める今日、一層あってはならないことです。

市民自治の制度的基盤として市民の政府を築くことは、もちろん容易(たやす)いことではありません。市民自治の志をもつ首長をつくらねばなりません。首長に対抗することがほんらいの役割であるにもかかわらず、密室で首長と手を握り合っている議会・議員を退場させ、議会を市民による政策発議の場とせねばなりません。そのためには生活者の視点から政策発議のできる議員を多数つくらねばなりません。中央官庁の指示やガイドライン待ちの職員ではなく、地域の問題状況の根底にあるものを見抜く感性と知識をもった職員を生み出さねばなりません。

これは気の遠くなるような作業だと思う人びとも多いでしょう。とはいえ、政治の改革は固い岩盤に少しづつ穴を開けていくような持続的作業を必要とします。それを怠るとき、大衆迎合的なデマゴーグの支配を許してしまうし、現に日本の政治には、そのような政治指導者が姿を現しています。

市民はその臭いを感じるからこそ、軍事的安全保障を推し進める政治へのプロテストを、まさに自発的に展開することになったのです。この自然発生的に噴出したエネルギーを地域における市民の政府の構築に向けるとともに、国政への意思をたえず表明していく。それによってデマゴーグ支配を足元から崩していく。二〇一五年の日本政治は、市民がその力をもっていることを証明したといえます。政治的発言や行動を控えてきた人びとが、生活者としての研ぎ澄まされた感性をもとに積極的な行動に転ずるとき、政治はかならず変わります。このことを強調して筆を擱(お)くことにします。

あとがき

近い将来、二〇一五年は日本政治の重要な転換点であったと歴史教科書に記述されるかもしれない。周知のように二〇一五年は、アジア・太平洋戦争の敗戦から七〇年であり、「戦後七〇年」をテーマとした、数多くの集会やイベントがもたれた。しかし、二〇一五年のそれらは周年行事にとどまらなかった。現代日本政治は、戦後政治の終わりの始まりの様相を濃くしている。その評価こそが各種の集会の最大の焦点であった。

二〇一二年に民主党政権にかわって再登場した第二次安倍政権は、「日本を、取り戻す」とのスローガンをかかげて、憲法「改正」を打ち出し、特定秘密保護法の制定、集団的自衛権の行使に向けた法体制の整備などをはたした。政権のいう憲法「改正」の主眼である現行憲法九条の「廃棄」は、事実上達成されたといってもよい。

自民党は、二〇一五年一一月一五日に結党六〇年を迎えたが、歴代の自民党政権は綱領にかかげた「自主憲法の制定」を真剣に追求してきたとはいえない。だが、市民の多くが感じているように、安倍政権の政治は「中道右派」といってもよい歴代自民党政治の否定であり、国家主義的な政治への転回であるといえよう。

しかし、これだけならば、一時的な跳ね上がり右派政治家による「暴挙」といって済ますこともできよう。とはいえ、どうもそれだけではない。政権党内はもとより社会的に政権への過剰同調が起きていることこそ、危惧しておきたい。各地で安倍政治への問題提起の集会、時代を風刺した芸術活動などを「政治的」との名分で拒否する動きが強まっている。わたしは、長く勤務し「自由の学府」をセールス・ポイントとしてきた立教大学が、集団的自衛権についての研究集会に「政治的」として講堂の貸出しを拒否したニュースに接したとき、憤りを越えて悲しい思いに囚われた。

もちろん、社会は安倍政治一色に染まっているわけではない。集団的自衛権を行使可能とする法案の審議には、一〇万人を超える市民や学生が国会を包囲した。かれらはけっして既存の組織によって動員されたわけではない。日本政治の危うさを肌で感じてプロテスト運動に加わったのであり、それは東京以外の都市でもまったく同じである。

安倍政治がもたらす政治の危うさは、生活の危うさでもある。とするならば、この自然発生的におきている市民の運動を、いかにして国家主義的な、そして本文中で述べた市場原理主義的な政治からの転換に結び付けるかが、市民に問われているといわねばならないであろう。「あのときが転機」は、安倍政治からの脱却のときとして、歴史に残したいものである。

ところで、本書の成り立ちにふれておきたい。出版館ブック・クラブ代表の五郎誠司氏は、じつは、わたしが大学教員として初めて担当した専修大学法学部の一九八〇年度演習の卒業生である。数年前に原稿執筆の依頼を受けたのだが、ほかの仕事に追われ約束をはたさないままであった。だが、あまりにも「法の支配」を無視した政治を前にして、口約束に終わらせてはまずいと思い立ち、執筆したのが本書である。この時代状況のなかで日本政治のオールタナティブを追求する市民、とりわけ若い人びとの参考となれば幸いである。

原稿の完成を辛抱強く待っていただいた五郎誠司氏に、改めてお礼を申し上げる次第である。

二〇一五年一一月一八日

新藤　宗幸

新藤 宗幸（しんどう・むねゆき）

1946年神奈川県生まれ。中央大学大学院法学研究科修士課程修了。専修大学法学部助教授、立教大学法学部教授、千葉大学法経学部教授、英国シェフィールド大学日本研究センター客員教授などを歴任。

現在　公益財団法人後藤・安田記念東京都市研究所理事長。千葉大学名誉教授。

専攻　行政学、政治学。

主な著書
「財政破綻と税制改革」「福祉行政と官僚制」「地方分権 第2版」（いずれも岩波書店）、「行政指導 官庁と業界のあいだ」「技術官僚 その権力と病理」「司法官僚裁判所の権力者たち」「教育委員会 何が問題か」（いずれも岩波新書）、「講義 現代日本の行政」「財政投融資」（ともに東京大学出版会）、「現代政治のオールタナティヴ」「市民のための自治体学入門」「政治主導 官僚制を問いなおす」（いずれも筑摩書房）、「司法よ！おまえにも罪がある 原発訴訟と官僚裁判官」（講談社）。

政治をみる眼
——次の時代を動かす君たちへ——

2016年2月5日　初版発行

著　者　新藤宗幸

発行者　五郎誠司

発行所　株式会社 出版館ブック・クラブ
〒170-0013　東京都豊島区東池袋3–15–5
TEL. 03–6907–1968　FAX. 03–6907–1969

装丁　株式会社 クリエイティブ・コンセプト

印刷・製本　モリモト印刷株式会社

ISBN978-4-915884-70-2　C0031　Printed in Japan